认知语言学入门

COGNITIVE LINGUISTICS

[日] 籾山洋介 著

许永兰 吕雷宁 译

彭广陆 审校

南京大学出版社

NINCHIGENGOGAKU NYUMON
© Yosuke Momiyama, 2010
Originally published in Japan in 2010 by Kenkyusha Co., Ltd.
Simplified Chinese Edition Copyright © 2022 by NJUP
All rights reserved

江苏省版权局著作权合同登记图字:10-2021-373号

图书在版编目(CIP)数据

认知语言学入门 /（日）籾山洋介著；许永兰，吕雷宁译. —南京：南京大学出版社，2022.11
ISBN 978-7-305-26086-5

Ⅰ.①认… Ⅱ.①籾… ②许… ③吕… Ⅲ.①认知语言学-基本知识 Ⅳ.①H0-06

中国版本图书馆 CIP 数据核字(2022)第 152062 号

出版发行	南京大学出版社	
社　　址	南京市汉口路 22 号	邮　编 210093
出 版 人	金鑫荣	

书　　名　**认知语言学入门**
著　　者　[日] 籾山洋介
译　　者　许永兰　吕雷宁
审　　校　彭广陆
责任编辑　刘慧宁

照　　排　南京紫藤制版印务中心
印　　刷　南京玉河印刷厂
开　　本　787×1092　1/32　印张 7.5　字数 160 千
版　　次　2022 年 11 月第 1 版　2022 年 11 月第 1 次印刷
ISBN　978-7-305-26086-5
定　　价　68.00 元

网　　址　http://www.njupco.com
官方微博　http://weibo.com/njupco
官方微信　njupress
销售咨询　025-83594756

* 版权所有，侵权必究
* 凡购买南大版图书，如有印装质量问题，请与所购图书销售部门联系调换

前 言

"最近经常听到'认知语言学'这个词,这个领域究竟研究什么呢?想先总体了解一下它的基本观点,可能的话,尽量简明扼要、通俗易懂……"本书正是为了满足这一需求的读者而撰写的。

本书中涉及的内容均为认知语言学的基本问题,换言之,是多数认知语言学家认为恰当并且重要的内容,抑或可以说是现阶段的定论。书中举例均为现代日语,并附有中文译文,读者无须担心理解困难。即便读者不具备相关的基础知识,也可通过通俗易懂的例句学到认知语言学的观点。进一步来讲,读者还可以通过认知语言学加深对日语的理解,并体会其中的乐趣。

本书还可以用作大学教材,这也是撰写本书的目的之一。全书分为14讲,基本相当于一个学期的授课次数。就内容难度而言,在语言学、日语语言学等所有与语言有关的(4年期间的)课程中,本书适用于由入门向专业过渡阶段的学习,即已学完语言学的基本观点,打下语言学的基础之后,进入专业学习和研究之前的阶段。

本书每讲后面设有2至3道"思考题"。建议先尝试独立思考完成,如若解答困难,可参考书后所附"思考题提示",再重新尝试。不少思考题有多个答案,可在课堂上分享各自的答案,通过讨论加深对认知语言学的理解。认知语言学的相关文献请参看"后记"部分。

笔者能够坚持从事语言研究至今并有幸获得撰写本书的机会,得益于多方的支持和帮助。首先,衷心地感谢我的恩师国广哲弥先生,恩师在我研究生毕业以后(不觉已经年),依然耐心指导我的文稿,话语总是严厉又不失温暖。先生的教诲,是我研究过程中的无上鼓励。

还要感谢鹫见幸美老师、李泽熊老师等现代日语语言学研究会的各位同仁。各位在研究会上饶有兴味的研究汇报和富有意义的讨论,总是给予我莫大的启发。还有名古屋大学研究生院国际语言文化研究科现代日语语言学讲座的研究生们,他们对我来说也同样意义非凡。特别要感谢野田大志同学和大西美穗同学,二位仔细通读了本书的书稿,并提出了许多宝贵的意见。

最后,由衷地感谢研究社的佐藤阳二先生,他一如既往地从策划、开始撰写到完成的各个阶段给予了我诸多宝贵的建议。本书能够奇迹般地如期交稿,完全得益于佐藤阳二先生的大力帮助。

如果有读者通过阅读这本小书,对认知语言学产生了兴趣,并有志于进一步深入学习,那将是我的无上荣幸。

籾山洋介

棒球声萦绕于耳畔

作者寄语

拙著《认知语言学入门》简体中文版由南京大学出版社出版发行,我深感荣幸与欣喜。在认知语言学入门书及概论书群星璀璨的当下,拙著能被译者选中,实乃荣耀之事。

译者许永兰、吕雷宁二位老师均于我曾执教的名古屋大学研究生院刻苦钻研后获得博士学位,是优秀的语言学者。许永兰老师在语义学和认知语言学方面学识突出,吕雷宁老师见长于语法与语义研究。两位译者日语水平卓越,同时又有中国著名日语学家彭广陆先生通篇审校,我对翻译的信与达确信无疑。

具备语言学基础知识的读者均可轻松阅读本书,无需任何认知语言学的知识储备。读者朋友们在阅读各条目的过程中,可以结合书中的日语例子,思考母语例子,以进一步加深理解。也许还可以从中找到认知语言学视阈下的汉日对比研究课题。

拙著在日本意外地收获了众多读者,其中不仅有语言学的学习者,还包括日语教育专家,以及对知识充满好奇心的普通读者。

衷心希望这部翻译精准的中文版也能够得到中国朋友们的青睐。如若有读者因本书而喜欢上认知语言学,甚至开启学习和研究之路,那将是我喜出望外的幸事。

最后,我在日本遥祝中国语言研究蒸蒸日上、蓬勃发展。

籾山洋介(南山大学)

中文版序

日本著名认知语言学家籾山洋介先生的著作『認知言語学入門』的简体中文版面世，这对于国内日语界乃至语言学界来说，是一件十分难得的好事。

认知语言学在国内日语界虽已不是一个新鲜的话题，但我们对日本学者这方面研究成果的译介工作做得还很不够。诚然，入门书方面，国内从欧美学者的原著翻译过来的书的确出了不少，但多用英语作例子。国内学者也有不少这方面的著作，在与汉语研究结合方面，也有不少学者做出了突出成就。但日本学界是如何看待和运用认知语言学理论方法的，这不仅是我们从事日语教学研究的人想要了解的，也是日语圈子以外的国内很多读者迫切想知道的。

原因有二。第一，日本学者有一种思维上的特点，即比较善于深入浅出地用自己的语言叙述和表达其学术观点，当然这背后是日本人独具个性的眼光、视野、需求及目标等因素在起作用，包含了日本人特有的感性及形象化思维特点；第二，来自西方的任何一种语言学理论，落地后都有水土不服的问题，迫切需要本土化的改造。语言寓共性与个性于一体，语言学研究亦然。就本书主题而言，日本学者将认知语言学本土化，用于研究日语，乃至为普通语言学做出自己的独特贡献，这对于我们国内从事汉语、英语等研究的学者也会有一定的参考价值和借鉴意义。事实上，也的确有汉语学者呼吁我们多翻译一些日本学者撰写的语言类入门或研究性著作。

籾山洋介先生的这部著作出版较早，多次印刷，堪称是一本经典入门书。籾山先生毕业于东京大学，师从日本著名语义学家国广哲弥学习语义学，这形成了他的学养背景、独特视点乃至问题意识，这与其他大多数从事认知语言学研究或撰写入门类著作的日本学者出身于英语专业的学术背景大不相同。仔细阅读本书可以发现，籾山先生在书中大量使用日语事例进行说明和解释，对我们从事日语教学研究的广大一线教师来说，这一特色尤为难得。

从篇幅、结构以及内容难易度来说，本书可谓一部标准的认知语言学入门教材。全书分为14讲，基于人的基本认知能力和丰富的语言事实，浅显易懂地为读者讲解相关概念、基础知识，既可用作学习认知语言学的入门书，也可作为一部生动有趣的读物，推荐给对语言学、语言哲学等感兴趣的广大非专业人士。

本书的译者之一许永兰老师为沈阳工业大学日语系副教授，曾留学日本名古屋大学，师从籾山洋介先生攻读语言学博士学位，对籾山先生的观点、学说乃至写作特点等都非常熟悉，应该说是翻译此书的不二人选。另一位译者吕雷宁老师也是留学名古屋大学并获得博士学位的语言学研究专家，现任上海财经大学日语系副教授。两位老师的研究课题有所不同，但在本书的翻译中可谓优势互补、相得益彰，加之有国内著名日语研究大家彭广陆老师的审阅把关，因此这本书译文流畅准确，可读性很强，堪称我们树立了学术著作翻译的榜样。

去年，籾山洋介先生的著作「日本語研究のための認知言語学」的中文版《面向日语研究的认知语言学》（高芃译，黑龙江大学出版社）也已出版问世。一为认知语言学入门，一为结合日语研究讲解认知语言学，这两部反映籾山先生基本思想观点的著作的中文版至此出齐，希望国内读者从中受益，特别希望广大日语教师能够灵活有效地运用于我们的日常教学、教辅编写及日语研究当中。

学术需要交流，翻译也是一种很好的交流方式，因为翻译本身就是一个十分有效的外语学习途径和另一种意义上的本土化过程，需要克服诸如术语、句式乃至叙述模式上的转换等各种困难，翻译同时也特别考验汉语表达能力，这些都是最终形成每一个人综合学术能力的重要基石。我特别鼓励年轻学人多尝试学术著作的翻译，由此不断提高自己的科研素养和语言运用能力，为将来一生的学术生涯打下一个扎实牢靠的基础。

一部外文学术著作,看懂了却不会用母语准确表达出来,那么至多只能算半懂;因为没有充分实现本土化,同国内汉语界、英语界同行的交流融通则更是从无谈起。不仅是认知语言学,其他日本学者撰写的优秀语言学著作也应该多译介到国内,以飨读者。国内特别是日语界,这方面的译介工作还只是刚刚起步,任重而道远。

　　是为序。

潘　钧

2022 年 9 月

目 录

凡例——1
第 1 讲　认知语言学的观点（1）：基本的认知能力——1
第 2 讲　认知语言学的观点（2）：重视经验——15
第 3 讲　范畴化与原型——27
第 4 讲　对同一事物的不同识解——39
第 5 讲　隐喻——53
第 6 讲　转喻——69
第 7 讲　主观化——81
第 8 讲　新经验主义：身体性——93
第 9 讲　语义与认知域——105
第 10 讲　意象图式——115
第 11 讲　框架——127
第 12 讲　百科知识语义——139
第 13 讲　基于使用的模型——149
第 14 讲　认知语言学的定位——161

思考题提示——173
后记——187
译后记——203
索引——207

凡 例

1. 例句中讨论对象部分用下划线"＿＿"标注,与讨论对象相关的其他部分用下划线"......"标注。

2. 语言表达的"语义""构成语义的成分、特征""指称对象"等用〈 〉加以标注。

3. 举例的中文译文用( )加以标注。译文原则上采取意译,但根据需要,有的例子在意译后加斜线附其直译,或在译者注中附其原义信息。

4. 根据排版需要,原著正文中的补充说明有的移至脚注,列为原著作者注。

5. 本书中的日文和英文文献,若已有中文译本,则在其后括号内附上中文译本信息;若尚无中文译本,则仅在日文文献后括号内附上文献标题的中文译文。

第1讲 认知语言学的观点（1）：基本的认知能力

> **要点**
> - 认知语言学重视认知（能力），将其看作语言的基础。
> - 基本认知能力包括"比较""概括""关联"等。

1.1 引言

认知语言学，实如其名，主张语言是人类具有的一般**认知能力**（認知能力，cognitive ability）和人类**认知**（認知）活动的反映。所谓认知，指"人类（以身体为基础进行）的大脑和心理活动"，亦即"人类的知性和感性活动"。也就是说，认知语言学并不假设存在专属于语言的能力，而是认为，在语言之外也广泛发挥着重要作用的一般认知能力是语言习得和使用的基础。在这一讲中，我们着重介绍三种基本的认知能力：**比较**（比較，comparison）、**概括**（一般化，generalization）和**关联**（関連付け，association）（也称"联结"）。除此之外，还有其他认知能力也同样作为语言的基础发挥着重要作用，我们将在第2讲之后逐一讲解。

1.2 认知能力——比较

首先来看"比较"这一认知能力。这里所说的比较指"从某一角度对两个(以上)事物进行观察和分析,辨别其异同"。

从这个意义来讲,我们在日常生活中无时无刻不在进行比较。比如,在超市排队结账时,我们都想排在人尽可能少的收银台。这时,实际上我们已经迅速比较了多个队列的长度(排队的人数)。更概括地说,当存在多个队列或棍棒等线状物体时,我们具有比较这些线状物体,并轻而易举判断它们长短的认知能力。

又如,决定购买某一商品时,也是基于比较。我们会从价格、质量、数量等角度对多个商品进行比较后再决定购买哪个。也有人不去比较商品,而是看是否有商品满足自己的条件要求,有则买,无则空手而归。这种情况也存在着比较,即将眼前的商品(特征)与心里设想的各种条件进行比较,根据符合条件的程度来决定是否购买。

接下来,让我们结合具体例子来看看比较这一认知能力是如何成为语言的基础的。首先来看「ゾウは大きい」(象很大)这个句子。句中未出示"大"的判断标准,但一般认为其判断标准是"动物的平均大小"或"人的大小"。也就是说,形容词「大きい」(大)表示谈论的对象事物在大小方面超过了某个标准。除了「大きい」(大)之外,「小さい」(小)、「長い/短い」(长/短)、「遠い/

近い」（远/近）、「深い/浅い」（深/浅)等形容词，其语义里同样也隐含着与某个标准进行比较的行为。

不过，这里所说的比较标准是相对的。例如，「このゾウは大きい」（这头象很大）、「この犬は大きい」（这条狗很大）、「このカブトムシは大きい」（这只甲虫很大）三个句子中，「このゾウ」（这头象）、「この犬」（这条狗）和「このカブトムシ」（这只甲虫）的绝对大小（如体积、体重等）显然是不一样的。也就是说，「ゾウ」（象）、「犬」（狗）和「カブトムシ」（甲虫）的大小判断标准各不相同。因此，我们使用「大きい/小さい」（大/小）等形容词时，前提是先设定某一标准，将所形容的对象事物与此标准进行比较，然后做出判断。

那么，像「スイカは丸い」（西瓜是圆的）这类句子中的形容词「丸い」（圆）该如何理解呢？这种情况，我们是将某物体的形状与我们所理解的「丸い」（圆）一词的概念进行比较，如二者一致，则判断为「丸い」（圆）。这与前面提到的第二种购物情况，即"有满足条件的商品便购买"相似。不过，「丸い」（圆）这类词的判断标准有时也是相对的。例如，「丸い顔」（圆脸）指较圆的人的脸形，这与「ボール」（球）、「スイカ」（西瓜）等典型的圆形相去甚远。

(1) 今日は、8時間も勉強した。

(今天[我]都学习了8个小时。)

(2) 今日は、8時間しか勉強しなかった。

(今天只学习了8个小时。)

这两个句子均表示"今天的学习时间是8个小时",二者的不同在于对"8个小时"的时间长短的理解。这样的差异源于说话人在今天开始学习之前预计的学习时间,如果预计学习5小时左右,而实际学了8小时的话,比较预计的学习时间与实际的学习时间,就会如例句(1)那样,认为8小时很长。而如果预计的学习时间是10小时的话,则会如例句(2)那样,认为8小时很短。例句(1)和例句(2)描述的是比较预计情况和实际情况后做出的判断结果。也就是说,这类语言表达的基础也是比较。

1.3 认知能力——概括

在日常生活中,我们常常会无意识地对自己的个人经历进行概括。在认知语言学中,有时会将概括称为**抽象化**(抽象化,abstraction)或**图式化**(スキーマ化,schematization),这些说法与概括的意义基本相同。

我们先来看一看基于坐电车上下学或上下班这一经历的概括行为。

(3) **山手線の8時新宿発の電車はとても混んでいる。**

(8点从新宿站发出的山手线电车非常拥挤。)

(4) **山手線の通勤時の電車はとても混んでいる。**

(上班高峰期的山手线电车非常拥挤。)

(5) **東京の通勤時の電車はとても混んでいる。**

(上班高峰期的东京的电车非常拥挤。)

(6) **日本の通勤時の電車はとても混んでいる。**

(上班高峰期的日本的电车非常拥挤。)

例句(3)—(6)分别是人们对不同层次的个人经历进行的概括。在这里,概括指抽取多个事物的共同点。例句(3)基于自己多次乘坐"8点从新宿发出的山手线电车"的经历,这些经历的共同点是电车的"拥挤"状况。当然,每次经历中都会存在不同的因素,例如,同乘的乘客、电车司机等,这些每次经历中各不相同的因素在概括时将被排除掉。进行概括的过程以比较这一认知能力为前提,这是因为概括之前,首先要对各个经历或事例进行比较。

很显然,上述例句(4)—(6)所概括的经历依次范围更广、数量更多。如,例句(6)概括的不仅仅是东京,还包括在大阪和名古屋等城市上班高峰期的经历。当然,它未必都是说话人自己的亲身经历,还可以包括从别人那里听来的,或者在电视上看到的。在这种情况下,东京、大阪和名古屋等城市的共同点在于都是"日本(的城市)"，实际乘车的时间段如果是早上 7 点到 8 点半左右的话，便可以概括为"上班高峰期"。

由此可见，我们在日常生活中依据自己的各种经历，频繁地进行着不同层次的概括。事实上，不仅限于日常生活，发现某种规律的科学工作也属于概括活动。

概括这一认知活动在语言中同样也发挥着重要作用。我们先来看一看「ところ」这个**多义词**(多義語)。多义词是指具有多个义项、义项间有关联性的词。

(7) 私が住んでいるところはまだ緑がかなり残っている。

(我住的地方还保留着不少绿色。)

(8) このところ、いい天気が続いている。

(这段时间一直天气不错。)

(9) 思うところを率直に述べてください。

(请坦率地谈谈你的想法。/请坦率地谈谈你想到的地方。)

我们能够感受到上述三个例句中的「ところ」在语义上既有不同又相互关联。三者的大致语义分别是：〈空间范围〉〈时间范围〉〈(作为思维对象的)抽象范围〉，而〈(某种)范围〉则是它们的共同点。由此可见，从多义词的多个义项中抽取共同义也是以概括这一认知活动为基础的。而从多个事例中概括抽取出的共同点，在认知语言学中称为**图式**(スキーマ,schema)。

再来看一类概括的例子。

(10) **最近、電車で若い人がお年寄りに席をゆずる光景をよく目にする。**

（最近，在电车上经常能看到年轻人给老年人让座。）

(11) **最近、Aさんに関する妙な噂を耳にする。**

（最近听到一些关于 A 的奇怪的传闻。）

(12) a. **私はこういう食べ物はあまり口にしない。**

（我不太吃这种东西。）

b. **そういう汚い言葉を口にしてはいけません。**

（不许说那种脏话！）

我们先来确认一下例句(10)—(12)下划线部分的语义。大致看来,「目にする」表示〈看到〉,「耳にする」表示〈听到〉,(12)a 中的「口にする」表示〈吃〉,而(12)b 中的「口にする」表示〈说〉。

接下来让我们思考一下「目/耳/口」(眼睛/耳朵/嘴)这些身

体部位与「目/耳/口にする」之间的意义关系。无须赘言，「目」（眼睛）的基本功能是"看"，「耳」（耳朵）的基本功能是"听"，「口」（嘴）的基本功能是"吃"和"说话"。根据上述内容，我们可以将「身体部位＋にする」这类表达的意义概括为〈发挥身体部位的基本功能〉。不过，「鼻にする」不表示〈闻〉义，「足にする」不表示〈行走〉义，因此「身体部位＋にする」中的「身体部位」仅限于「目/耳/口」（眼睛/耳朵/嘴）。这种概括虽涉及范围较小，但它同样基于概括的基本程序，即从多个表达形式和意义中抽取共同点。换句话说，可以从「目/耳/口にする」这些表达的意义中抽取共同图式，即〈发挥身体部位的基本功能〉这一意义。

我们通过上述两组例子探讨了以概括这一认知能力为基础的语言表达。我们一般可能意识不到，而实际上，我们的大脑里储藏着从语言事例中概括抽取而来的各种层次的图式（另见第13讲"基于使用的模型"）。

1.4 认知能力——关联

日常生活中，我们在看待世界上的各种事物时，往往会从某个角度将它与其他事物联系在一起，而不是孤立地去看待它（比较和概括也是以多个事物之间的关联为前提的。在此，我们仅讨论比较和概括以外的关联）。例如，书和书架这两个物体，我们是将二者关联起来进行理解的。书架用来摆放书，书不看时要放在书架上。进一步说，两者之间是容器与内容的关系。铅笔盒和铅笔、房间和家具等同样也是容器与内容的关系(参见第10讲中的"容器"意象图式)。又如，教师和学生是"教与学"的关系，经营者和职员是"雇用与被雇用"的关系。

语言中所体现的这种关联，最基本的是"语音(连续体)"与"语义"之间的关系。我们了解某个词，无非是因为了解某个语音(连续体)和某个语义之间的关联。例如，了解「のぼる」这个词也就意味着理解语音连续体「のぼる(noboru)」和语义〈从下方往上方移动〉这二者之间的关联。

不仅对待事物如此，我们对各种各样的事情(＝事件、事态)也同样会建立起关联。例如，"进厕所""排泄""洗手"这三件事情，我们会将三者理解为按此先后顺序连续发生的事情(参见第11讲"框架")。甚至，我们还会进一步从多个连续发生的事情中发现某种因果关系。例如，从"乘坐的电车发生故障"和"晚到目的地"这两件先后发生的事情中，发现二者间的因果关系，即电车发生故障是原因，晚到目的地是结果。如上所述，我们会从种种日常经历中发现各种事件之间的因果关系，并将其作为知识储备起来(当然，在发现因果关系的过程中，进行概括是不可或缺的)。

另外，我们还会经常根据因果关系的相关知识，对事件的原因进行**推断**或推测。例如，等人的时候，到了约定时间对方还没露面

且无联系,我们便会推断是否发生了事故或其他状况。这种推断能力也是语言的基础,在语言中发挥着重要的作用。请看以下例句:

(13) **財布が落ちている。**

(有人掉了钱包。)

当与同伴一起走在路上,你发现地上有个钱包并想告知同伴时,比起「財布がある」(有个钱包)这种说法,例句(13)在日语里更为常用。「落ちている」这类表示瞬时性事件或行为的动词后接「ている」的表达,其基本义是〈瞬时性事件或行为的结果的存续,事件或行为发生后产生的状态的持续〉。也就是说,「(道に)財布が落ちている」([路上]有人掉了钱包)这句话表示〈在某个时间,某人的钱包从口袋或皮包里掉了出来,其结果导致钱包存在于路上〉。又如,「(家の前に)車が止まっている」([房前]停着一辆车)这句话的意思是〈在某个时间,车在房前停下,其结果是车以停着的状态存在于房前〉。

实际上,说话人并未看到钱包从某人口袋中掉落的那个瞬间,而只是看到路上存在着一个钱包,这种情况依然可以使用「財布が落ちている」(有人掉了钱包)这一表达方式。之所以可以这么表达,正是因为我们拥有推断这一认知能力。也就是说,看到路上有个钱包,马上就会推断其原因,得出这是从某人的口袋里掉出来后的结果这一结论。因此,当「財布が落ちている」(有人掉了钱包)用于没有看到钱包掉落的情况时,说明这个句子隐含着推断原因这一认知能力。

在这一讲里,我们探讨了多个事物间建立关联、发现因果关系、推断原因等一系列基本的认知能力,它们在语言中也同样发挥着重要的作用。

第1讲小结

1. 认知泛指"人类(以身体为基础进行)的大脑与心理活动",亦即"人类的知性和感性活动"。

2. 比较指从某个角度对两个(以上)事物进行观察与分析、辨别其异同的认知能力。

3. 概括(抽象化、图式化)指抽取多个事物之间共同点的认知能力。

4. 我们往往从某个角度将多种事物关联起来进行理解,进而发现多个事件之间的因果关系,并根据因果关系的知识进行推断。

5. 比较、概括、关联等基本的认知能力在语言中也发挥着重要的作用。

· 思考题 ·

1. 在日常生活中,什么情况下能够用到"比较"这一认知能力?

2. 请根据以下例句,分别抽取出多义词「そば」(旁边)、「武器」(武器)、「罠」(陷阱)的图式。

(1) a. もっとそばに行って、よく見てみよう。

(再靠近点,仔细看看吧。)

b. 最近、記憶力が低下し、覚えるそばから忘れてしまう。

(最近记忆力下降了,刚记住就忘了。)

(2) a. 戦争で使われる武器の変化とともに、死傷者の数が激増した。

(随着战争中所用武器的变化,死伤者的数量也急剧增加了。)

b. 将来は語学力を武器にして国際社会で活躍したい。

(我想将来凭借语言能力在国际社会中大显身手。)

(3) a. 逃げ出したサルを捕獲するために、罠を仕掛ける。

(为捕捉逃走的猴子而设置陷阱。)

b. あいつの罠にはまってしまい、ひどい目にあった。

　　（我中了他的圈套,被害惨了。）

　3.下面两个句子是否与推断原因这一认知能力有关？请说明你的判断理由。

　（1）Aさんは満面に笑みを浮かべていた。

　　　（A满面笑容。）

　（2）Aさんは本当にうれしそうだった。

　　　（A看上去很高兴。）

第2讲 认知语言学的观点（2）：重视经验

> **要点**
> - 认知语言学重视经验（或经验性学习）在语言习得过程中的作用。
> - 我们的大脑有时拥有一般性规则和个别知识的冗余储备。

2.1 引言

认知语言学重视一般的认知能力，认为我们的各种身体**经验**（経験）构成了语言习得和语言使用的重要基础。也就是说，认知语言学的关注点在于，母语（人们出生后不知不觉中掌握并能够运用自如的语言）习得过程中需要基于经验获取大量的知识。对于日本人来说，母语日语正是这样在不知不觉中学会的（可能有些读者的母语是日语以外的语言），因此与学习外语相比，或许难以察觉到其基于经验的学习过程。而实际上，例如单词的习得，也就是掌握某个语音（连续体）和语义之间的规约性联系，只有多次接触这些单词才可实现。

以下我们通过几个事例,来看一下经验对于语言习得的重要性。关于经验的重要性,我们将在第 8 讲至第 13 讲中从不同角度加以探讨。

2.2 合成词的语义

「花束」(花束)这个词与「花の束」(绑扎成束的花)这个短语,看似语义相同,实则存在差异。例如,花农为了发货而绑扎成束的花可以称为「花の束」,但不能称为「花束」。也就是说,「花束」并不单单表示"绑扎成束的花",而通常表示更为限定的语义,即〈(为赠予他人,以表庆贺等)将多朵花绑扎成束,搭配成整体美观的造型〉。像这样,即使分别知道「花」和「束」的语义,人们也无法自动理解「花束」的语义,而需要借助经验予以掌握。

如上所述,由多个成分构成的词,即**合成词**(合成語,compound),其语义往往大于组成成分的语义总和。与语义相关的这种现象称为**部分组合性**(部分的合成性,partial compositionality)。

再来看一个类似的例子——「焼き鳥」(烤鸡肉串)。这个词并不单纯表示"烤鸡(肉)",而是指〈将鸡肉切成小块,穿在扦子上,撒上酱料或盐后烤制而成的食物〉。「焼き鳥」(烤鸡肉串)还有一个语义特征,即〈通常用作下酒菜的食物(而非用餐时的配菜)〉

(参见第12讲"百科知识语义")。也就是说,「焼き鳥」(烤鸡肉串)具有无法仅从「焼き(焼く)」(烤/烧)和「鳥」(鸡/鸟)的语义推导出来的限定语义。

单看食物,就能找到许多具有语义部分组合性的例子。「焼き飯」(炒饭)、「焼き肉」(烤肉)、「焼き豚」(叉烧肉)、「卵焼き」(煎鸡蛋)、「たこ焼き」(章鱼小丸子)、「酢豚」(糖醋肉)、「牛丼」(牛肉盖饭)等合成词,也都具有仅从组成成分的语义无法推知的语义。另外,「しょうが焼き」(生姜炒肉片)这类合成词,其组成成分中不包含"肉",可以说从组成成分「しょうが」(生姜)和「焼き」(烤/烧)推导出的语义与合成词本身的语义之间差异悬殊。

接下来,我们来看一下「名词+动词连用形来源的名词[即动名词]」这类结构的合成词。首先来看「酒飲み」(爱喝酒的人)和「湯飲み」(茶杯),这两个词同样都含有动词「飲む」(喝)的名词形式「飲み」,但前者表示〈人〉,而后者表示〈物〉。也就是说,表〈人〉还是表〈物〉,是无法从组成成分预测的。

再来看一下「物覚え」「物入れ」和「物書き」这三个词。「物覚え」表示〈记忆〉,「物入れ」表示〈装东西的物品(或处所)〉,「物書き」表示〈写文章的人〉。也就是说,这三个词虽然构词法相同,但分别表示"事情""物品(或处所)""人",显然也都具有仅从组成成分无法推知的合成词整体的语义。

第2讲 认知语言学的观点(2):重视经验 17

综上所述,合成词的语义通常既不是组成成分语义的简单相加,也并非与组成成分的语义毫不相关,它是以组成成分的语义为基础,进而受到限定后的语义(即具有部分组合性)。从语言习得的角度来看,每个合成词的语义都必须通过接触这些表达的经验予以掌握。

2.3 固定短语(=词语搭配)

在日语中,虽然可以说「風邪をひく」([患]感冒),但「風邪にかかる」「風邪を帯びる」等说法则不自然[1],纵使「かかる」或「帯びる」等词无论在语法上还是在语义上都与「ひく」一样可以通过格助词与「風邪」(感冒)相结合。也就是说,任何语言都存在「風邪をひく」([患]感冒)这种规约性的表达方式,人们必须通过接触这些表达的经验才能掌握。像「風邪をひく」([患]感冒)这类其构成词语间的关系(在某种程度上)相对固定的短语,我们称之为**固定短语**(連語)或**词语搭配**(コロケーション,collocation)。

下面列举一些「名词(或名词短语)+格助词+动词」结构的日语固定短语。

---

1 如果是「ひどい風邪にかかる」(得了重感冒)倒是可以接受。——作者注

(1) 約束を破る（失约）、納得が行く（领会）、傘をさす（打伞）、汗をかく（出汗）、予定を立てる（定计划）、生計を立てる（谋生）、(巨万の）富を築く（积累[巨额]财富）、怒りを買う（惹人生气）、評判を落とす（败坏名声）、大病を患う（患重病）、ガソリンを食う（费油）、門前払いを食う（吃闭门羹）、愚痴をこぼす（发牢骚）、弱音を吐く（说泄气话）、減らず口をたたく（嘴硬）、啖呵を切る（厉声说）、前言を翻す（出尔反尔）、弁が立つ（能言善辩）、馬齢を重ねる（徒增马齿）、自責の念に駆られる（感到自责）

下面对此稍加说明。「約束を破る」（失约）不能说成「約束をこわす」或「約束をくずす」，「納得が行く」（领会）也不能说成「納得が来る」「納得が生じる」等。另外，「予定を立てる」（定计划）不能说成「予定を作る」，「評判を落とす」（败坏名声）也不能说成「評判を失う」。（余者以此类推，虽然从语法上说换成其他词亦无不可，实际上却不那样说。请读者自行核实。）

不仅限于日语，想要习得并恰当地使用某种语言，在一般的语法规则、词语的语义和语法特征基础上，无法根据语法规则和词汇信息预测的固定短语，也须根据经验加以掌握。另外，日语学习者有时会说出其义可解但表达不地道的日语,这往往是由固定短语使用不当(如说成「風邪にかかる」等)所致。反言之,要产出地道的日语,其条件之一是恰如其分地运用固定短语。

2.4 一般性规则与个别知识的冗余性

当被问到"12×12"的得数时,其计算方法可能因人而异。有人会按照乘法规则算出得数,也有人是将"12×12＝144"作为一个整体加以记忆的。而且,记住得数的人,只要愿意,也是可以通过计算得出(或确认)得数的。九九乘法口诀谁都记得,即便万一忘记了,也可以通过加法规则算出得数(如"7×6",就将 7 加 6 次)。

语言也存在同样的情况。比如,「この本を１日で読み終えることは不可能に近い」(一天读完这本书近乎不可能)中的「不可能に近い」这种说法,有人将其作为表示〈近乎不可能〉之义的一个整体表达方式加以记忆。也有人在「～に(＝形容动词连用形[即形容动词的副词形式])＋形容词」这个结构中套用「不可能(だ)」(不可能)和「近い」(近)两个词进行理解[1]。或许还有人取其中间,大脑中记住了「Xに近い」(近乎 X)(X 处为名词或形容动词词干)这个结构,并在「X」处套用「不可能」这一形容

---

1 相同结构的固定短语还有「はるかに多い」(多得多)、「極端に汚い」(极其脏)等。——作者注

动词词干[1]。

由此可见，在我们的大脑中，与其说一般性规则和个别知识分工明确，不如说两者的存在具有冗余性。也就是说，同一表达方式我们既可将其组成成分套入一般性规则中，也可作为一个整体加以记忆并使用。

我们再回到「不可能に近い」（近乎不可能）这个表达方式上，其词语间的组合并非像固定短语那样稳固，但在反复听、反复使用的过程中，有时会作为一个整体储存于大脑中。所谓作为一个整体储存于大脑中是指，使用「不可能に近い」（近乎不可能）时，并非要对「不可能（だ）」（不可能）和「近い」（近）进行组合，而是会想起「不可能に近い」（近乎不可能）这个短语整体。像这样，由多个成分构成的表达不经组合成分这一操作程序便可熟练运用，这在认知语言学中被称为**自动化**（自動化，automatization）。很显然，要达到自动化，反复接触这种表达的经验是不可或缺的。

那么，哪些表达属于自动化的表达方式呢？这当然因人而异，但也有相当数量的自动化表达方式是大多数人所共有的。例如：

---

[1] 除了「不可能に近い」以外，还有「完全に近い」（近乎完美）、「完敗に近い」（几乎完败）、「全滅に近い」（几乎全部毁灭）等说法。——作者注

（2）**一生に一度（のお願い）**(一生一次[的请求])、**朝から晩まで**(从早到晚)、**絶えて久しい**(很久未~)、**（自分の）目を疑う**(怀疑[自己的]眼睛)、**遠い昔（の話）**(很久以前[的事])、**近い将来**(不远的将来)

（3）**おもしろくもおかしくもない**(索然无趣)、**ついうっかり**(不小心)、**嘘偽りのない（話）**(千真万确[的话])、**夜夜中**(深更半夜)

（4）**皆目見当がつかない**(完全云里雾里)、**てんで話にならない**(根本不值一提)、**からっきしだめだ**(完全不行)

　　首先，对许多人来说，例（2）中的表达方式都是作为短语整体储存在大脑中的。例（3）中的表达方式则并列使用了「おもしろい」（有趣）和「おかしい」（可笑）等近义词，与单独使用其中一词相比，具有强调的作用。另外，「信じて疑わない」（深信不疑）中的「信じる」（相信）和「疑う」（怀疑）为反义关系，但「信じる」（相信）和「疑う」（怀疑）的否定形式「疑わない」（不怀疑）则为近义关系。例（4）中的表达方式均由「皆目」（一点也）之类的副词与某种否定表达方式或「だめだ」（不行）这种表否定义的词语组合而成。

　　综上所述，在我们的大脑中，有时会存在着一般性规则和个别知识的冗余储备。我们通过反复接触某种由多个成分构成的表达方式,可以不经组合成分这一操作程序便能将这一表达方式作为一个整体熟练地加以运用(亦即自动化)。

2.5　有关语言的各种知识

我们通过经验获取了与世界万物相关的各种知识,而这些知识,使我们能够有效、高效地使用语言。

例如,我们对「レストラン」(餐馆)这个词拥有如下一系列知识:进店,被带到座位上,从菜单中选择食物和饮料点餐,食用端上来的菜品,付钱后离开餐馆。因为我们彼此都具备这些知识,所以当被问道「日曜日は何をしたの」(星期天干什么了)时,即使只回答「久しぶりに家族でレストランに行った」(时隔很久和家人去了餐馆),对方也不会有什么不满。也就是说,对方也具备关于餐馆的知识,所以听说去了餐馆,自然会理解为(在餐馆)用餐并付钱了。如果回答说「久しぶりに家族でレストランに行って、料理を食べ、お金を払って帰ってきた」(时隔很久和家人去了餐馆,吃了饭,结了账,回家了),这反而会不自然,这是因为这种回答忽略了对方所具备的关于餐馆的知识。

如上所述,在共有知识背景下,我们往往只需陈述事件的一部分,便可传达事件的全貌(这种由诸多要素、阶段构成的知识,认知语言学中称之为"框架"。关于"框架",我们将在第11讲中具体讲解）。

　　当然也有人会钻共有知识的空子，将其运用于语言中。例如，当孩子比平时回家晚而被妈妈问道「どこに行ってたの」（你去哪儿了）时，孩子回答说「図書館に行ってたんだ」（去图书馆了）。而实际上，孩子在图书馆和朋友聊天、打瞌睡了。在这种情况下，当听孩子说「図書館に行ってたんだ」（去图书馆了）时，母亲会根据自己对图书馆的经验性知识——"通常在图书馆做的事情是读书或者学习"，而认为自己的孩子也是在图书馆读书或学习了。另外，孩子也有可能是因为知道说「図書館に行ってたんだ」（去图书馆了），母亲就会认为自己是去学习了，才故意那样回答的。孩子的确是去了图书馆，所以他那样回答也不能说是撒谎了。像这样，利用多数人所具备的"（一般）在图书馆所做的事情"这一共有知识来欺骗对方的行为也是时有发生的。

16　　让我们再来看一下「風呂に入って寝るか」（洗个澡睡觉吧/进浴室睡觉吧）这一自言自语所表达的意义。「寝る」（睡觉）的场所当然不可能是浴室，所以这句话的意思是「風呂に入って、（体を洗って）風呂から出て、布団で寝る」（进入浴室，[洗身体]从浴室出来，然后上床睡觉）。也就是说，我们拥有「浴室に入る → 体を洗う → 浴室から出る」（进浴室→洗身体→出浴室）这一流程的知识，所以只说「風呂に入る」（进浴室）就可表达其整个流程，即洗澡的意思。

再如,「脱衣場」(更衣室)这个词,从字面上看是〈脱衣服的地方〉,实际上则是表示〈脱衣服和穿衣服的地方〉。我们之所以能够这样理解「脱衣場」(更衣室)的意思,是因为我们都知道洗澡前脱衣服和洗澡后穿衣服通常是在同一个地方。

综上所述,我们通过经验掌握的关于世界的各种知识,是高效使用语言的基础。

第2讲小结

1. 认知语言学认为,我们通过身体获得的各种经验,构成了语言习得和语言使用的重要基础。

2. 在许多情况下,合成词的语义大于组成成分的语义总和,它需要通过经验加以掌握。

3. 词与词的组合(在某种程度上)相对固定的短语,称为固定短语(词语搭配)。要恰当地使用某种语言,需要通过经验掌握相当数量的固定短语。

4. 我们的大脑中有时会存在一般性规则和个别知识的冗余储备。通过反复接触由多个成分构成的表达方式,我们能够不经组合成分这一操作程序便可熟练运用整个表达方式(即表达的自动化)。

5. 我们通过经验掌握的关于世界的各种知识,是高效使用语言的基础。

17

> **· 思考题 ·**
>
> 1.「買い食い」（[小孩]自己买零食吃）、「お手ふき」（手巾）、「ポイ捨て」（乱扔）等合成词，其语义均大于组成成分的语义总和。请思考从其组成成分无法推知的这些合成词的语义。
>
> 2.「気」一词有很多固定短语，如「気が知れない」（难以捉摸）、「気を取り直す」（重新振作起来）等（但不能说成「気がわからない」「気を持ち直す」等）。还有其他含有「気」的固定短语吗？请尽可能多地列举出一些。
>
> 3.「風呂に入る」（洗澡），从字面上看，这个短语表示事件的一部分，但在我们所拥有的相关知识背景下，它表示的是整个事件。请列举其他类似的语言表达。

第3讲 范畴化与原型

> **要点**
> - 范畴化包括基于充分必要条件的模式和基于原型的模式。
> - 范畴中的理想成员和刻板印象成员有时发挥着重要作用。

3.1 引言

从古到今,人类都在以某种方式对这个世界上存在的各种各样的事物进行着整理分类。例如,房间或书房里摊开书学习的地方、办公室里放置电脑或工作的地方、教室里学生们打开课本和笔记本的地方、讲台上教师放置教科书和水杯的地方,人们把这些场所归为一类,日语中称之为「机」(桌子)。也就是说,虽然这些物体在形状、材质、大小等方面存在很大差异,但是因为人们只关注它们的使用目的与使用场合等功能方面,便将它们统称作「机」(桌子)。人们对用来坐的东西(虽然它们在形状、材质、大小等方面也是多种多样的),也是根据它们的功能进行归类,同时与「机」(桌子)等区别开来,称之为「椅子」(椅子)。

像这样,根据需要,将各种事物从某种角度进行整理分类(即该归类的归类,该区分的区分)的做法称作**范畴化**(カテゴリー化,categorization)。经过范畴化操作所得到的一个个集合,则称之为**范畴**(カテゴリー,category)。然后,人们(用各自的语言)对各个范畴进行命名。显然,这种范畴化及对范畴进行命名的行为,对于我们高效处理各种信息、妥善应对各种事情来说是不可或缺的。

下面,我们选取两种范畴化模式,对其认知基础进行说明。

3.2 基于充分必要条件的范畴化

4、10、58、726 等数字被称为「偶数」(偶数)。众所周知,偶数的定义为"能被 2 整除的整数",这个定义是偶数的充分必要条件。也就是说,只要满足"能被 2 整除的整数"这一条件,就必然属于偶数范畴,不满足这个条件的数字就不是偶数。因此,基于充分必要条件的范畴,某事物是否属于这一范畴是明确的(即范畴边界清晰),并且范畴成员均以同等资格归属于该范畴。

这种基于充分必要条件的范畴是在概括认知能力(参见第 1 讲)的基础上形成的。也就是说,某范畴的充分必要条件是该范畴所有成员的共同特征。

3.3 基于原型的范畴化

基于**原型**(プロトタイプ,prototype)的范畴化,是范畴化的另一种模式。下面,我们以「論文」(论文)这一范畴为例来思考一下这种范畴化。例如,看到某篇文章,你或许会犹豫是叫它「論文」(论文)好,还是该称其为「レポート」(报告)。这与"偶数"范畴形成对比,因为某个数字是否为偶数是不难判断的。

相反,有些文章任何人都能够毫不犹豫地将其认作「論文」(论文)(也就是说,它是典型的论文)也确是事实。这种论文应该是满足了"题目具有学术研究价值""提出了独到明确的假说""假说验证得当"等条件。这种范畴的典型成员或典型成员所满足的条件特征的集合,我们称之为原型,基于原型形成的范畴则称为**原型范畴**(プロトタイプ・カテゴリー,prototype category)。

在原型范畴中,以原型为中心(对照原型),对各个成员进行各种各样的定位。例如,前面列举的原型论文所应满足的条件中,根据成员满足条件的数量和程度,将其定位于靠近原型的位置,或是相对边缘的位置。犹豫是否该称其为「論文」(论文)的文章,则处于范畴的边界附近。如上所述,原型范畴不同于基于充分必要条件的范畴,范畴内成员之间存在典型程度上的差异(即存在优劣),范畴的边界也不清晰。

另外,基于原型的范畴化有赖于比较这种认知能力(参见第1

讲)。也就是说,针对有可能属于某范畴的事物(即范畴的后补成员),我们通过与原型进行比较后,来判断它在多大程度上隶属于这一范畴,以及在范畴中所处的位置。

在「論文」(论文)这个范畴中,成员的典型程度存在差异,且范畴的边界不清晰。也有些范畴,边界清晰但其成员的典型程度存在差异,即存在原型成员和非原型成员。例如,我们(通过学习)知道"鸽子""麻雀""鸵鸟"和"企鹅"都是"鸟",而"蝙蝠"则不是鸟。也就是说,对于我们而言,「鳥」(鸟)是个有清晰边界的范畴。但是,事实上,听到「鳥」(鸟)这个字眼,有的种类的鸟能够马上浮现在我们的脑海里,而有些则不能。在上面列举的鸟类中,"鸽子"和"麻雀"很容易想到,而"鸵鸟"和"企鹅"则不然。因此,我们可以说,「鳥」(鸟)这一范畴边界清晰,成员典型程度存在差异。就「鳥」(鸟)而言,尤以"会飞"这一特征来区分其是否为原型,也就是说,"鸽子"和"麻雀"是原型鸟,而"鸵鸟"和"企鹅"则不是原型鸟。

这种关于"鸟"的原型知识也是某类语言表达的基础。例如,我们听到「生まれ変わったら鳥になりたい」(要是有来生,[我]想做一只鸟)这句话时,立即浮现在脑海里的,通常是"想会飞翔"。也就是说,虽然并不是所有的鸟都能在空中飞翔,但是原型的鸟能够在空中飞翔这一知识,使我们产生了上述理解(参见第12讲"百科知识语义")。

3.4 原型范畴下的多义词

让我们再来看看第 1 讲中提到的多义词「ところ」。

(1) 私が住んでいる<u>ところ</u>はまだ緑がかなり残っている。

（我住的<u>地方</u>还保留着不少绿色。）

(2) この<u>ところ</u>、いい天気が続いている。

（这段<u>时间</u>一直天气不错。）

(3) 思う<u>ところ</u>を率直に述べてください。

（请坦率地谈谈你的<u>想法</u>。/请坦率地谈谈你想到的<u>地方</u>。）

从例句(1)—(3)中可以看出，「ところ」至少有〈空间范围〉〈时间范围〉〈(作为思维对象的)抽象范围〉这三个义项。在此，如果将「ところ」一词的多个义项整体看作一个范畴的话，那么此范畴的成员(至少)要包含上述三个义项。

「ところ」的三个义项在典型程度上也存在差异，最容易让人想到的应该是〈空间范围〉义。〈空间范围〉义作为「ところ」的原型，从用法是否受限制的角度也可得到验证。也就是说，表示〈空间范围〉义时，如例句「<u>ところ</u>によっては、にわか雨が降るでしょう」(部分地区会有阵雨)所示,「ところ」前可不加修饰成分。而当「ところ」表示〈时间范围〉〈(作为思维对象的)抽象范围〉时,则须有修饰成分,如「ところ、いい天気が続いている」和「ところを率直に述べる」,它们因缺少修饰成分均无法成立。而且表示空间义时,「ところ」可用以表示所处空间的任何位置,如「手を伸ばせば届くところ」(触手可及之处)、「はるか遠いところ」(遥远的地方)等。而表示时间义时,「ところ」只可用于与现在(说话时间)密切相关的范围,「このところ/ここのところ/今のところ/現在のところ」(这段时间/最近/当前/现在)等均无问题。但「ところ」不能用来表示与现在分割开来的过去或未来,如「あのところ/あそこのところ」「昔のところ」「未来のところ」等说法均不存在。另外,没有(或是很少有)使用限制就意味着可自由使用的程度高,我们自然会认为这样的义项是基本义。

综上所述,多义词的多个义项可分为原型义和非原型义。

3.5 范畴中的理想成员

在构成某一范畴的多个成员中,除了前面讲的原型(典型成员)之外,还有其他处于特殊地位的成员,比如**理想成员**(理想例)和**刻板印象成员**(ステレオタイプ,stereotype)(参见第 12 讲"百科知识语义")。我们来看看这两种成员,首先是理想成员。我们经常会在脑海里描绘各种范畴的理想成员,比如"理想的上司""理想的结婚对象""理想的职场""理想的家庭"等。当小孩子说「大きくなったらプロ野球選手になりたい」(长大以后想当职业棒球运动员)时,脑海中浮现的大多会是理想的或是具有代表性的棒球运动员,如铃木一郎和松坂大辅。仅就日本人而言,属于职业棒球运动员这一范畴的人就达到相当数量,而孩子们想成为的,不是没有机会参加职业一队比赛的运动员,而是(最好是美国棒球大联盟的)明星运动员。

这种范畴中的理想成员还反映在语言表达中。如「明日、天気になるといいね」(明天要是晴天就好了)中的「天気」(天气)毫无疑问表示的是〈晴天〉。天气除了晴天以外,还有阴天和雨天等情况。也就是说,虽然天气这一范畴中包含"晴天""阴天""雨天"等成员,但通常情况下,最好的(=理想的)天气是"晴天"。由此可见,仅用「天気」一词便可表示天气范畴的理想成员。再如,「花見に行く」(去赏花)中的「花」特指〈樱花〉,这是因为〈樱花〉是日本花卉的代表。同样,「政界に人なし」(政界无人)这句话中的「人」并非表示人类范畴的全体成员,而是(从某种角度判断的)人类范畴中的理想成员,即足以委以国家政治、〈在能力和人格等方面出色的人〉。

(4) 米国産牛肉に対する消費者の反応に不透明さは残

るが、牛丼が吉野家の「四番打者」であることは変わらない。(『日本経済新聞』(夕刊)2005年12月6日、日経テレコン21)

(虽然消费者对美国牛肉的反应仍有不确定性,但牛肉盖饭依旧是吉野家的"招牌菜/第四棒击球手")。

要理解这个实例中「四番打者」(招牌菜)的意思,就需要具备关于「四番打者」(第四棒击球手)这一范畴中理想成员的知识。「四番打者」(第四棒击球手)指〈棒球中出场顺序为第四位的击球手〉,理想的第四棒击球手具备〈能够代表球队的优秀击球手,有望在击球方面为球队做出最大贡献〉的特征。不过,这一特征归根到底只有理想的第四棒击球手才具备,并非符合每个队的第四棒击球手。

例句(4)中的「牛丼が吉野家の『四番打者』である」指的是〈在吉野家的各种菜品中,牛肉盖饭最具代表性(=招牌菜),是吉野家创办以来盈利最多、且有望未来也能带来最多收益的菜品〉。也就是说,它继承了理想的棒球第四棒击球手所具有的特征,即〈能够代表球队,有望为球队做出巨大贡献〉[1]。需要说明的是,「吉野家の『四番打者』」(吉野家的"招牌菜")与「四番打

---

1 另外,例句(4)中的「四番打者」这种表达手法称为隐喻,有关隐喻,详情参见第5讲。——作者注

者」所表示的"(击球顺序为)第四棒(的击球手)"这一原义的特征毫无关系。

以上,我们对范畴中的理想成员在某种语言表达中所发挥的重要作用进行了讨论。

3.6 范畴中的刻板印象成员

接下来我们来看一下范畴中的"刻板印象成员"。我们有时会听到「今の若者は言葉遣いがなってない」(现在的年轻人说话不成体统)这类(草率的)评论。对于这种论调,(至少有一部分)年轻人会感到气愤。这是因为"现在的年轻人"实际上包括了各种各样的人,其中不乏说话得体的人。

「今の若者は……」(现在的年轻人……)这种说法就与刻板印象成员有关。那么,何为刻板印象成员呢?关于某个范畴,人们在没有充分依据的情况下普遍认为其所有成员都具备某种特征。而实际上,符合这种特征的只是范畴中的一部分成员,这部分成员便是刻板印象成员。就拿「若者」(年轻人)这个例子来说,关于「若者」(年轻人)这个整体,"说话不成体统"这一特征(在某些上了年纪的人之间)无充分依据地成为普遍共识。实际上"说话不成体统"的只是一部分「若者」(年轻人),对全体年轻人的评价是基于对这部分年轻人的刻板印象得来的。我们一旦掉以轻心,便容易陷入这种刻板的思维模式。

「サラリーマン教師」(工薪族教师)也是以这种刻板印象为基础的说法。所谓「サラリーマン教師」(工薪族教师),大致是指具有如下特征的教师,即〈只在义务的工作时间内完成规定的工作,对待学生缺乏灵活性和奉献精神〉。此意义产生的背后,隐含着对「サラリーマン」(工薪族)抱有的刻板印象,即〈只在义务的工作时间内完成规定的工作,缺乏主动性和奉献精神〉。对于「サラリーマン」(工薪族)的这种看法并无充分的依据,却成了普遍共识。实际上,(鞠躬尽瘁的)工薪族也比比皆是。如上所述,「サラリーマン教師」(工薪族教师)这一表达,在某种意义上表示的是与理想教师相反的教师形象,其背后潜藏着对「サラリーマン」(工薪族)这一范畴的刻板印象。

> **第3讲小结**
>
> 1. 所谓范畴化,就是根据需要,从某种角度对各种事物进行整理分类(=该归类的归类,该区分的区分)。经过范畴化操作所得到的一个个集合,称作范畴。
>
> 2. 对于基于充分必要条件的范畴来说,某事物是否隶属于该范畴是明确的,并且范畴成员均以同等资格隶属于该范畴。这类范畴的形成基于概括这一认知能力。

3. 某个范畴的典型成员或典型成员所满足的条件特性的集合,称作原型。基于原型形成的范畴则称为原型范畴,这种范畴中的成员间存在典型程度的差异。基于原型的范畴化是以比较这一认知能力为基础的。

4. 有些范畴中存在理想成员,理想成员有时会对语言表达起着重要的作用。

5. 人们往往在无充分依据的情况下,普遍认为某范畴的全体成员都拥有某种特征。而实际上,拥有这种特征的只是此范畴中的一部分成员,这部分成员称为刻板印象成员。刻板印象成员也会成为某类语言表达的基础。

・思考题・

1. 我们日常使用的原型范畴(包括边界不清晰的和边界清晰的两类)都有哪些呢?

2. 参考以下例句,分别指出「あたり」和「ささやく」各自的两个义项中,哪个是原型义。请从用法是否受限制的角度,阐述原型义与非原型义的区别。

(1) あたりは静まりかえっていた。

(四周一片寂静。)

(2) 会議を始めてもう2時間になるから、このあたりで一休みしよう。

(已经开了两个小时的会了,这里先休息一下吧。)

(3) Aさんは私の耳元で妙なことをささやいた。

(A在我耳边小声说了些奇怪的话。)

(4) B選手は、今シーズンかぎりでの引退がささやかれている。

(风传运动员B将要在本赛季结束后退役。)

第4讲 对同一事物的不同识解

> **要点**
> - 对同一事物可以进行不同的识解,这种认知能力作为语言的基础发挥着重要的作用。
> - "从不同的视点识解同一事物""关注同一事物的不同部分""关注同一对象的构成要素或其整体",这些认知能力尤为重要。

4.1 引言

能够对同一事物进行不同的**识解**(捉え方,construal),这是我们所具有的一般的认知能力。例如,当你告知他人某书在某处时,可以从自己所处位置的角度说「私の右側の棚にある」(在我右边的书架上),也可以从对方的角度说「きみの後ろの棚にある」(在你后面的书架上),也就是说,可以从不同的**视点**(視点)或**立足点**(視座)识解同一事物的位置。

我们还可以关注某一事物或状况的不同部分。例如,看到某个建筑,我们既可以观察外墙的特征,也可以关注窗户和屋顶的形状。观看足球比赛的时候,既可以特别关注运动员 A 的动作,也可以关注整个球队的传球。

另外,针对由多个要素构成的事物,我们可以采取关注其各个构成要素的微观识解方式,也可以采取关注其整体的宏观识解方式。例如,对于某个人群,既可以用「大勢の人がいる」(有许多人)这种表达对其整体进行笼统的识解,也可以用「いろいろな年齢の人がいる」(有各个年龄段的人)、「知った顔が何人か含まれている」(里面有几个认识的人)等表达对群体里的个体给予某种程度上的关注。

本讲将聚焦上述三种认知能力,即从不同的视点识解同一事物、关注同一事物的不同部分、关注同一对象的构成要素或其整体,探讨它们作为语言表达的基础所发挥的重要作用。

4.2　不同的视点

我们先来看看从不同视点识解人类空间位移的表达。

(1) Aさんが名古屋から東京に行った。

(A 从名古屋去了东京。)

(2) Aさんが名古屋から東京に来た。

(A 从名古屋来到了东京。)

这两个句子表示同一个事件,即"A从名古屋移动到了东京",但二者识解事件的视点不同。用「行った」(去了)时,视点在出发地名古屋(附近),或者既不在名古屋也不在东京。说话者可以在名古屋,也可以在静冈、北海道、九州等东京(附近)以外的地方。与此不同,「来た」(来了)的视点则在目的地东京(附近)。

另外,倘若说话时说话者尚在家中,但在1小时后确实能到达大学,在这种情况下,打电话问朋友「今日、大学に来る?」(今天你来大学吗?),这是自然的表达方式。虽然说话者还不在大学里,但是可以设想到达大学之后的状况,并将视点设在大学内,因而这里可以使用「来る」(来)。而若说话者今天不打算去大学的话,则要问「今日、大学に行く?」(今天你去大学吗?)。

(3) **40キロ地点で、A選手とB選手が肩を並べた。**

(在40公里处,运动员A和运动员B开始并排着跑了。)

(4) **40キロ地点で、A選手がB選手に追いついた。**

(在40公里处,运动员A追上了运动员B。)

(5) **40キロ地点で、B選手がA選手に追いつかれた。**

(在40公里处,运动员B被运动员A追上了。)

例句(3)—(5)可以表示同一情景,即在马拉松比赛中,运动员

A起初落后于运动员B,但在40公里处两者的差距消失了。然而,三个例句的视点有所不同。不过,这种情境中的视点并非是空间上的视点,而是心理视点或立场,即心理上支持哪一个运动员。也就是说,例句(3)并非特别支持其中哪一个运动员,而是采取了中立的视点进行表述,而例句(4)采取了支持运动员A的视点,例句(5)则是支持运动员B的视点。

说话人支持的运动员或运动队不同,则语言表达也往往不同。这不仅限于马拉松,观看其他体育比赛也一样。比如说,谈论某一场职业棒球比赛结果时,既可以说「巨人が中日に勝った」(巨人队赢了中日队),也可以说「中日が巨人に負けた」(中日队输给了巨人队)。在足球比赛中进球的那一瞬间,有可能两个人同时呼喊"好球!""完了!"。

对于其自身静止不动且没有单一的内在方向性的事物,人们也会从不同视点进行识解,并赋予其不同的方向性,基于这种认知能力,从而采用不同的语言表达。

(6)この山は、中腹から山頂まで急激なのぼりだ。

(这座山从半山腰到山顶[上坡]很陡。)

(7)この山は、山頂から中腹まで急激なくだりだ。

(这座山从山顶到半山腰[下坡]很陡。)

这两个句子是对同一地形,即「この山は、中腹と山頂の間の傾斜が急である」(这座山半山腰和山顶之间的坡度很陡)的不同表达,分别对应从半山腰向山顶仰望的视点和从山顶向半山腰俯视的视点。也就是说,对于同一斜坡的地形,我们既可以将视点放在半山腰,也可以放在山顶,并基于这一视点的切换,分别使用例句(6)和例句(7)这两种表达方式。另外,从词汇层面来看,「のぼり坂」(上坡)和「くだり坂」(下坡)这对词,同例句(6)和(7)一样,也是基于描述同一斜坡的不同视点,即分别将视点放在斜坡的下方和上方。

(8) A 交差点を越えると道幅が広くなる。

(过了 A 十字路口,路面就宽了。)

(9) A 交差点を越えると道幅が狭くなる。

(过了 A 十字路口,路面就窄了。)

这两个句子表示同一情景,即某条路以 A 十字路口为界,两侧的路宽不同。这两个句子的差异基于所描述的状况或识解方式的不同:假设例句(8)表示的是在这条路上由东向西移动,那么例句(9)表示的便是由西向东反方向移动。或者,在地图上沿着这条路向不同方向观察时,也可以使用这两个句子。也就是说,即使是同一条路,也可以根据不同的空间位移方向或视线移动方向,采取不同的识解方式,并据此采用不同的表达方式。

4.3 关注不同的部分

接下来,我们来看看基于关注同一事物的不同部分这一认知能力的表达方式(参见第9讲中的"基体"和"侧面"、第14讲中的"图形"和"背景"[的反转])。

(10) **プロ野球のA選手が女優のBさんと結婚した。**

(职业棒球运动员 A 与女演员 B 结婚了。)

(11) **女優のBさんがプロ野球のA選手と結婚した。**

(女演员 B 与职业棒球运动员 A 结婚了。)

(12) **プロ野球のA選手と女優のBさんが結婚した。**

(职业棒球运动员 A 和女演员 B 结婚了。)

(13) **女優のBさんとプロ野球のA選手が結婚した。**

(女演员 B 和职业棒球运动员 A 结婚了。)

例句(10)—(13)均表示同一事件,即「A選手と女優のBさんの結婚」(运动员 A 和女演员 B 结婚)。我们先来看例句(10)和例句(11)的区别。这两个句子的差异在于关注(=聚焦)结婚双方中的哪一方。选择关注对象时,有时要先判断哪一方更为有名或更有地位。「XがYと結婚する」(X 与 Y 结婚)这句话聚焦于 X(即看作主角),而非 Y。

例句(12)和例句(13)又有什么区别呢?「XとYが結婚する/YとXが結婚する」(X 和 Y 结婚/Y 和 X 结婚)与「XがYと結婚する/YがXと結婚する」(X 与 Y 结婚/Y 与 X 结婚)相比,对于结婚双方的关注方式和对待方法似乎并无差异,但又并非完全相同。在「XとY」(X 和 Y)中,X 在某种意义上更受重视,「YとX」(Y 和 X)则相反,这是受语言内在的"线性"特征影响所导致。"线性"是指无论是说话还是书写,都必须依次排列其各个要素,不能同时说出或者写出两个语言符号。当两个人或两个事物用「と」(和)并列时,我们会从某个角度来判断二者之间重要性的差异,把更为重要的一方放在前面。由此可以看出,例句(12)和例句(13)在对运动员 A 和女演员 B 的识解方式上也多少存在着差异。

「早慶戦」(早庆大赛)和「慶早戦」(庆早大赛)这对表达同样如此。一般来说,早稻田大学的相关人员会把"早"放在前面,称之为"早庆大赛",而庆应义塾大学的相关人员则称之为"庆早大赛"。另外,仪式或节目单上列出多个人的姓名时,有时会标注「順不同」(排名不分先后)的字样,以此表示姓名顺序并无特别意义。这是因为若没有这个标注,有可能会被认为名字在前的人比名字在后的人更为重要或更有地位。

第 4 讲　对同一事物的不同识解

（14）**大学から駅まで約 1 キロです。**

（从大学到火车站大约有 1 公里的距离。）

（15）**大学から駅まで歩いて約 15 分です。**

（从大学到火车站步行大约 15 分钟。）

这两个句子都表示「大学」（大学）和「駅」（车站）的位置关系，二者的区别在于例句(14)表示两者的空间距离，而例句(15)表示移动的时间。像这样，我们谈到两点间的距离时，可以以移动距离和所需时间（大致）成正比关系为前提，或聚焦于空间距离，或聚焦于移动时间。当然，聚焦于哪一方、使用哪种表达，取决于说话场景的需要。

（16）**（新幹線で）東京から大阪までの間、Aさんといろいろと話ができて楽しかった。**

（[乘坐新干线]从东京到大阪的途中，[我]和 A 聊了很多，很开心。）

此句中的「間（あいだ）」包含"空间"和"时间"两个含义。之所以如此，是因为从东京向大阪移动一定的距离必然要伴随着一定时间的消耗，两者处于平行关系。另外，现今的汽车导航仪会同时告诉我们到达目的地的路程和所需时间,这让我们可以在日常生活中真实地感受到所剩距离与所需时间同时在减少。

4.4　构成要素,还是整体?

针对同一个对象事物,我们既可以关注其构成要素,也可以把握其整体。下面,我们来看一下基于这一认知能力的语言表达。

　　(17) 木々の間から鳥のさえずりが聞こえる。

　　　　(树木间传来鸟的鸣叫声。)

　　(18) 森の中から鳥のさえずりが聞こえる。

　　　　(森林中传来鸟的鸣叫声。)

首先,这两个例句中的「木々」(树木)和「森」(森林)均表示〈由相当数量的树木构成的集合〉。只是,「木々」(树木)一词对构成"树木集合"的个体树木也给予了一定程度的关注,而「森」(森林)则(尽管"树木集合"实际上是由一棵棵树木构成的)将"树木集合"视为一个整体。

「木々」(树木)和「森」(森林)的上述差异,可以通过「さまざまな木々」(各种各样的树木)和「さまざまな森」(各种各样的森林)这两种说法在语义上存在差异这一语言事实得到佐证。

首先,「さまざまな木々」(各种各样的树木)可以表示构成「木々」(树木)的具体树木的多样性。例如,树木的集合中包含了橡树、栗子树、松树等不同的树种时,可以用「さまざまな木々」(各种各样的树木)来表达。而「さまざまな森」(各种各样的森林)则不能表示构成一个森林的具体树木的多样性,而是表示存在多个森林的情况下,具体森林间的差异。也就是说,「さまざまな森」(各种各样的森林)表示的是"由杉树构成的森林""由柏树构成的森林""由山毛榉构成的森林"等。

与「木々」(树木)和「森」(森林)一样,「山々」(群山)和「山並み/連山」(山脉/山峦)、「一日一日（の努力）」(每日[的努力])和「日常（の努力）」(日常[的努力])之间也存在同样的语义差异。

(19) この公園は、<u>春夏秋冬</u>を通してさまざまな花が楽しめる。

(这个公园<u>春夏秋冬</u>都能欣赏到各种各样的花卉。)

(20) この公園は、<u>四季</u>を通してさまざまな花が楽しめる。

(这个公园一年<u>四季</u>都能欣赏到各种各样的花卉。)

(21) この公園は、<u>一年</u>を通してさまざまな花が楽しめる。

（这个公园<u>全年</u>都能欣赏到各种各样的花卉。）

　　「春夏秋冬（を通して）」（春夏秋冬）、「四季（を通して）」（四季)和「一年（を通して）」（全年），这三个词语的不同之处在于对构成「一年」（一年）的各个要素给予的关注程度上。首先，「春夏秋冬」特别关注一年由"春""夏""秋""冬"四个不同季节构成，突显了构成一年这一整体的（四个）不同要素；而「一年」则不关注其构成要素（四个季节或12个月），而是将其整个期间视为一个整体；「四季」一词对「一年」的构成要素（这里特指四个季节）的关注程度，可以认为处于「春夏秋冬」和「一年」之间。也就是说，「四季」将「一年」理解为由四个季节构成的期间，但它与「春夏秋冬」不同，未对四个季节分别是什么进行表述。

　　如上所述，「春夏秋冬」「四季」和「一年」，这些词语也是基于人类所具有的一种认知能力，即关注某一事物的构成要素还是其整体。

(22) 昨晩は、ゆっくりお風呂に入って、テレビを見たり音楽を聴いたりして過ごした。

(昨晚[我]慢悠悠地泡了个澡,然后看看电视,听听音乐。)

(23) 昨晚は、のんびりと過ごした。

(昨晚[我]过得很悠闲。)

表述一个晚上是如何度过的,既可以使用例句(22),也可以使用例句(23)。也就是说,对于一连串的行为,可以像例句(22)那样,关注构成行为整体的各个行为,对其进行详细描写,也可以像例句(23)中的「のんびりと過ごした」(过得悠闲)那样,将一连串的行为描述成一个整体。

第4讲小结

1. 我们具有对同一事物进行不同识解的一般认知能力,这种认知能力作为语言的基础发挥着重要的作用。

2. 基于从不同视点识解同一事物这一认知能力,我们可以使用不同的表达方式来表述同一事物。

3. 基于关注同一事物的不同部分这一认知能力,我们可以使用不同的表达方式来表述同一事物。

4. 基于关注同一事物的构成要素或是其整体这一认知能力,我们可以使用不同的表达方式来表述同一事物。

· 思考题 ·

1. 请参考以下例句,从"视点"的角度思考「あげる」和「くれる」的区别。例句前的"×"表示该句子不合乎语法。

(1) 太郎が花子に花をあげた。

（太郎送给花子一束花。）

(2) 太郎が花子に花をくれた。

（太郎送给花子一束花。）

(3) うちの太郎がとなりの花子ちゃんに花をあげた。

（我家太郎送给邻居花子一束花。）

(4) ×うちの太郎がとなりの花子ちゃんに花をくれた。

(5) ×となりの太郎君がうちの花子に花をあげた。

(6) となりの太郎君がうちの花子に花をくれた。

（邻居太郎送给我家花子一束花。）

2. 请思考,还有哪些表达方式的形成是基于关注同一事物的不同部分这一认知能力的?

3.「二人」和「双方」均可以指称两个人,请参考以下例句,思考二者在识解方式上有何不同。

(1) 提案に反対した人が二人いた。

（有两人反对提案。）

(2) 双方の意見をじっくり聞いてから判断したい。

（我想认真听取双方意见后再做判断。）

第5讲　隐喻

> **要点**
> - 隐喻是基于"相似性"的比喻。
> - 概念隐喻是通过熟知的其他事物（＝喻体/源域）来理解对象事物（＝本体/目标域）的认知机制。

5.1　引言

每到毕业季，我们常会听到如下说法：「今年もたくさんの学生がこの大学を巣立って行った」（今年又有许多学生从这所大学毕业/离巢）。「巣立つ」一词原义为〈雏鸟在巢穴里接受大鸟喂食与庇护，待长大（学会飞行和独立觅食等）后离巢飞走，开始自食其力的生活〉。「学校を巣立つ」中的「巣立つ」意为〈毕业〉，指〈学生从庇护自己免受社会影响的学校离开，步入社会，开始独立生活〉。诸如此类，将某个语句（词、短语、句子）用于表示与其原义不同的意义，这种表达手法叫作**比喻**（比喩）。比喻有多种类型，

本讲我们聚焦**隐喻**(メタファー/隠喩,metaphor)(另参见第8讲"隐喻的单向性"和第12讲"百科知识语义与隐喻")。

隐喻是比喻的一种,它基于两种事物或概念间的某种**相似性**(類似性,similarity),将原本表示某一事物或概念的表达形式用来表示另一事物或概念。其重点在于以"相似性"为基础。上述「巣立つ」(离巢)就是一种隐喻表达,可以在其原义与隐喻义〈毕业〉之间找到〈脱离受庇护的状态,自力更生〉这一共同点,即图式,在这一点上,两个意义是相似的(关于"图式",参见第1讲)。

在本讲中,我们先来了解一下隐喻在日常生活中的广泛使用以及作为隐喻基础的认知能力。然后,再来看**概念隐喻**(概念メタファー,conceptual metaphor)。

5.2 隐喻的具体例子

下面我们来看隐喻的具体例子。首先,有些隐喻基于形状等外观上的相似性。例如,我们将用手操作的电脑外接设备称作「マウス」(鼠标),这是基于它和老鼠在形状(有时也包括颜色)上存在的相似性。同样由原本表示动物(或其身体的一部分)的表达衍生而成的比喻还有,「トンボ(=グラウンド整備の道具)」(平沙耙[=平整操场地面的工具]/蜻蜓)、「猫背」(驼背/猫背)、「鳩胸」(鸡胸/鸽子胸)、「鳥肌」(鸡皮疙瘩)等。另外,

还有一些隐喻,如「目玉焼き」(煎荷包蛋)[1]、「(サイコロの)目」([骰子上]表示点数的孔)、「(パンの)耳」([面包的]边/[面包的]耳朵)、「(机の)脚」([桌子]腿儿)等,它们本来表示身体部位,基于形状或(身体部位的)位置的相似性而衍生出了隐喻义。

有些隐喻则基于较为抽象的相似性。例如,日语中「故障」(故障)一词原指⟨机器等无法正常运转⟩,但也可以用于人的身体。如,「肩の故障で、今シーズンを棒に振ってしまった」(因为肩伤,无缘本赛季)。此句中的「故障」意为⟨运动员的身体(的一部分)无法正常活动⟩,是隐喻用法,它基于与原义之间存在的共同点——⟨无法正常发挥作用⟩。以下例子也是机器的相关表达用于人类的隐喻。

(1) やらなければとは思っているのだが、なかなか<u>エンジンがかからない</u>。

(知道[这件事]必须要做,但怎么也<u>提不起劲来/发动机打不着火</u>。)

(2) しばらく<u>充電</u>してから、また研究に励むつもりだ。

---

[1] 「目玉焼き」中的「目玉」原义为⟨眼球⟩,隐喻义⟨荷包蛋⟩源自其形状似眼球。——译者注(以下注释如无标注,均为译者注)

（我打算先给自己充充电，然后再努力做科研。）

（3）少しオーバーホールしないと体が持たない。

（不疗养/大修一段时间身体受不了。）

（4）私は会社の歯車の1つにすぎない。

（我只不过是公司的一颗螺丝钉/齿轮。）

（5）あいつは上司のロボットだ。

（那家伙是上司的傀儡/机器人。）

另外，许多基本动词的语义也是基于隐喻的。

（6）このびっくり箱は、ふたを開けるとボールが飛び出す仕組みになっている。

（这个惊吓盒的构造是打开盖子时有球弹出来。）

（7）子どもが道路に飛び出した。

（孩子冲到了马路上。）

（8）昨日の会議で、思いもよらぬ意見が飛び出した。

（昨天的会议上突然冒出一个意想不到的意见。）

例(6)中的「飛び出す」表示这个动词的原义，指〈物体猛地由内向外在空中移动〉。例(7)中的「飛び出す」表示〈人猛地从相对狭窄的区域向广阔的区域移动〉，虽然不是在空中移动，但与原义至少具有〈以强劲的势头移动〉这一共同点。而例(8)的「飛び出す」表示〈意想不到的意见或提议突然(从某人之口)出现〉，可以看出，这与例(7)具有〈突然发生意想不到的事情〉这一共同点。因此，我们可以认为例(7)中「飛び出す」的语义是基于隐喻从动词原义衍生而来的，这一语义又进一步衍生出了例(8)中「飛び出す」的语义。

下面，我们再来补充一些动词隐喻的例子。如下面几组短语所示，动词在前面的短语中均表示原义，即物理性行为或事件，而在后面的短语中则表示基于隐喻所产生的抽象意义。

(9) **帽子をかぶる**(戴帽子)/**罪をかぶる**(承担罪责)、**返り血を浴びる**(溅一身血)/**非難を浴びる**(遭到谴责)、**ハンガーにコートをかける**(把大衣挂在衣架上)/**期待をかける**(寄托希望)、**外掛けで相手力士を倒す**([摔跤时]用外勾腿摔倒对手)/**軍事政権を倒す**(推倒军事政权)、**後ろを振り返る**(回头看)/**過去を振り返る**(回首过去)、**駅伝の選手がこの道を走る**(马拉松接力赛运动员在这条路上奔跑)/**戦慄が走る**(身体战栗)、**つまずいてころぶ**(绊倒在地)/**人生につまずく**(人生受挫)、**はしごから落ちないように支える**(扶住以防从梯子上掉下去)/**精神的**

に支える(精神上支持)

5.3 隐喻的认知基础和表达效果

接下来我们来看隐喻的认知基础。隐喻基于两种事物或概念之间的相似性，其认知基础是人们对事物进行比较的能力(参见第1讲)。例如，在「医者のタマゴ」(未来的医生/医生的卵)这一表达中，"(鸟类等生物的)卵"和"立志成为医生的学生"在形状等外观上大相径庭，找不到共同点。如果从成长和发展阶段的角度对二者进行比较，可以发现其相似性，即都〈处于初级阶段〉。这种通过比较发现事物间相似性的认知能力构成了隐喻的基础。

下面，我们来探讨隐喻的**表达效果**。前文提到过「肩の故障」(肩伤/肩的故障)这一表达，那么，它与「肩の負傷」(肩膀负伤)或「肩の怪我」(肩膀受伤)等表达又有什么区别呢？这里的「故障」虽然指〈运动员的身体(的一部分)无法正常活动〉，但并不意味着其原义〈机器等无法正常运转〉就完全消失。也就是说，我们会在头脑中浮现出机器等无法正常运转这一原义的同时，去理解运动员的身体无法正常发挥作用这一隐喻义。如上所述，当一个词语的原义为其引申义或说话人在该语境中所要表达的意义提供背景支撑时，我们称此现象为原义的**次激活**(二次的活性化，secondary activation)(引申义或说话人在该语境中所要表达的意义则被凸显为主激活)。而「肩の負傷」(肩膀负伤)或「肩の怪我」(肩膀受伤)不属于隐喻,与这里讨论的次激活无关。

(10) **毎年お盆には、今は亡き両親の<u>眠る</u>故郷を訪れる。**

(每年盂兰盆节,我都会去已故父母<u>长眠</u>的故乡。)

例(10)中的「眠る」表示〈人死后葬于某地〉这一人死后的结果状态。「眠る」原义为〈处于无意识状态,暂停身体活动(一旦醒来则会恢复意识,重新开始活动)〉,即睡觉,二者具有相似点,例(10)便是基于这一相似点的隐喻用法。「眠る」用来表示死亡状态,可以看作一种**委婉表达**,委婉性的产生也是源于次激活的作用。也就是说,死亡虽然有别于睡觉,无法苏醒,但当使用「眠る」表达死亡后的状态时,其原义,特别是〈可以醒来〉之意被次激活,从而淡化了死亡的不可逆转性,产生了委婉性。类似的表达还有「永眠する」(永眠)、「永遠・永久の眠りに就く」(永世长眠)等。

5.4 日常生活中的隐喻

隐喻在日常生活中被广泛运用,但人们有时会难以意识到它的存在。譬如与「野球」(棒球)相关的一系列表达常常会用于与棒球无关的日常场景中。

首先,我们来看「続投」一词。它的原义为〈棒球比赛中出场的投手在有换人可能的情况下,不被换下继续投球〉,也就是说,它不单纯指在比赛中继续投球这一行为,而是指即使处于危急局面或自身疲惫等原因应该换人的情况下,也依然坚持继续投球的行为。我们经常会看到「首相の続投に疑問を持っている国民が多い」(许多人对首相的连任持有疑虑)这种表达。这里的「続投」是隐喻用法,并非单纯表示"首相继续任职",而是"首相在任期结束后连任,或是任期内在应当下台的呼声中仍然留任",可以看出它与原义具有高度的相似性。与棒球投手、投球相关的表达还有「肩慣らしに計算問題をやる」(做计算题热身)[1]、「スキャンダルが原因で、番組を降板する」(因丑闻退出节目)[2]、「研究に全力投球で取り組む」(全力以赴投入研究工作)[3]、「私は何事にも直球勝負です」(任何事情我都喜欢直来直去)[4]等。下面,我们来看几个有趣的实例。

(11) 83年に池田松次郎社長が病気で辞任し、「上がり」と思っていた大阪駐在副社長から、「無死満

---

1 「肩慣らし」原义为〈棒球比赛前做些简单的投球动作以活动肩膀〉。
2 「降板」原义为〈棒球比赛中,投手被中途换下〉。
3 「全力投球」原义为〈投手使出全力投球〉。
4 「直球勝負」原义为〈投手投直线球一决胜负〉。

塁で、肩慣らしもなく社長に登板した」。(『朝日新聞』［朝刊］2002年3月7日、聞蔵Ⅱビジュアル)

(1983年,池田松次郎总经理因病辞职,本以为做到驻大阪副总经理就到头了,却"在无人出局满垒[1]情况下[临危受命],没来得及热身[准备]就出任了总经理一职")

日语中与棒球击球手和击球动作有关的隐喻词语数量颇多。譬如「私がトップバッターで一曲歌います」(我来打头阵/打第一棒献上一曲)、「(担当者の急病という状況で)だれかピンチヒッターを探さなければならない」(［在负责人突发疾病的情况下］必须找到接替者/关键时刻上场的替补球员)等,这些表达在某种程度上都已固化。下面的例子描写的是"日本在全球化社会中的地位"。

(12) かつてはクリーンアップを打つ強打者だった。おごりのあと大スランプが長引き、いまは下位

---

1 「無死満塁」原义为(棒球比赛中,进攻一方无人出局,且一垒、二垒、三垒上都有人(跑垒员))。这一局面对于投手及防守一方极为不利,很容易让进攻一方得分而出现危机或输掉比赛。

40
打者に甘んじている。　流し打ちで何とかしのぐが、故障が癒えず打撃改造の勇気もない。　有望な若手の台頭でレギュラーの座も危うい。　グローバル社会における日本の位置はこんなところだろう。(『日本経済新聞』(朝刊)2008年1月7日、日経テレコン21)

(曾经是一名打主要位置的优秀击球手,却在得意忘形之后经历了漫长的低谷期,现在已安于后位击球手的位置。虽然以推打勉强应付,但伤病未愈,也没有勇气改进击球动作。随着后起之秀的崛起,正式队员的位子也岌岌可危。日本在全球化社会中的地位大概就是如此吧。)

此外,固化下来的表达还有「<u>外野</u>はだまってて」(局外人请闭嘴)[1]、「<u>滑り込みセーフ</u>で何とか<u>間に合った</u>」([卡着点]勉强赶上)[2]等。

---

1 「外野」原义为〈外场〉,指〈棒球场的界内场地中内场以外的部分〉。此处原义指〈外场手〉,即〈负责防守整个外场区域以及外场两侧界外一部分区域的球员〉。
2 「滑り込みセーフ」原义为〈(跑垒员)安全滑进垒〉。

5.5 概念隐喻

本讲最后,让我们来看一下"概念隐喻"。当某一对象难以直接理解,抑或为了更好地理解它时,我们往往通过熟知的其他事物来辅助自己的理解,这种认知机制便是概念隐喻。

要理解的对象称为**目标域**(目標領域,target domain),熟知的事物称为**源域**(起点領域,source domain)。通过源域去理解目标域,这一概念层面的心智活动作为语言的基础发挥着重要的作用。下面,我们通过几个具体的例子来看一下。

(13) まあ、これからと言う、……女にしても蕾のいま、どうして死のうなんてしたんですよ。(泉鏡花『売色鴨南蛮』、『CD‐ROM版 新潮文庫の100冊』新潮社版)

(哎呀,你的好日子还在后头呢……身为女人,现在还是含苞待放的<u>花骨朵儿</u>,为什么想要去死呢?)

(14) <u>花も開く</u>十八歳の春、東京は女子短大の英語科に入り(以下、略)(柴田翔『ノンちゃんの冒険』、『CD‐ROM版 新潮文庫の絶版100冊』新潮社版)

(在<u>如花绽放</u>的十八岁这年春天,考入了东京的女子大专的英语专业［以下略］。）

（15）あの方は今でも閣下のことを思って泣いています。 あの方は女のすべてをあなたに捧げて<u>枯れて</u>しまったのです。（渡辺淳一『花埋み』、『CD‐ROM 版　新潮文庫の100 冊』新潮社版）

（她至今仍因思念阁下而哭泣。她把女人的一切都献给了您，自己却<u>枯萎了</u>。）

　　这些例句无一例外，均在描写女性成长过程或成长阶段时，使用了与「花」（花）相关的词语。这一系列表达的背后存在着一种概念隐喻，即"通过花的生长过程来理解女性的成长、成熟过程"。其依据是什么呢？「蕾」（花蕾）、「花も開く」（花也开）、「枯れる」（枯萎）均为上述语言表达层面的隐喻。也就是说，概念隐喻存在于语言表达层面隐喻的背后，在概念层面上为隐喻的成立提供支撑，因而也同样使用"隐喻"这一术语。

　　首先，如「両手に花」（美女左右相伴/两手持花）、「職場の花」（职场丽人/职场的花）等表达所示，「花」（花）可用来表示女性。在上面三个例句中，原本表示花朵（或植物）的「蕾」（花蕾）、「花（も）開く」（花［也］开）、「枯れる」（枯萎）这些词语均用于形容女性。这样的一致并非偶然，这一系列表达之所以成立，是因为我们的头脑中存在着这样一种概念隐喻，即"借助花的生长过程理解女性成长和成熟过程"。

其次,"花"在生长过程中的各个阶段同"女性"成长和成熟过程中的各个阶段存在着对应关系。"花"的生长阶段可以概括为"花蕾→花开→枯萎",而"女性"的成长阶段大致遵循"成长、成熟之前→成长、成熟、变得有魅力→丧失魅力"的过程(这不过是对女性的一种片面看法)。可以看出,"花蕾"对应"成长、成熟之前","花开"对应"成长、成熟、变得有魅力","枯萎"对应"丧失魅力",两个领域之间存在着**结构相似性**。而花在生长过程"花蕾→花开→枯萎"中表现出的变化要远比"女性的成长、成熟过程"中的变化更为显著,正因如此,我们才能通过花的生长过程更好地理解女性的成长、成熟过程。这也是"通过花的生长过程理解女性的成长、成熟过程"这一概念隐喻得以成立的有力基础。

此外,作为描述"女性"的表达,与「蕾」(花蕾)和「花(も)开く」(花[也]开)相比,「枯れる」(枯萎)一词虽然固化程度较低,但将其理解为〈女性失去魅力〉并非难事。也就是说,「枯れる」(枯萎)一词原本用来形容"花(或植物)",而当它标新立异地用来形容女性时依然能够获得理解,这也是得益于上述概念隐喻。

另外,概念隐喻通过源域来理解目标域,这必然导致目标域的某个方面(即根据源域的特点被激活的部分)成为焦点的同时,其他方面则被掩盖。比如在上面的例句里,通过"花"来理解"女性",在凸显女性某一方面的同时,有可能将女性的其他重要方面背景化(另参见第10讲中的"意象图式和概念隐喻")。

第5讲小结

1. 用某个语句(词、短语、句子)表示与其原义不同的意义,这种表达手法叫作"比喻"。

2. 隐喻是比喻的一种,它基于两种事物或概念之间的某种相似性,用原本表示其中某一事物或概念的表达形式去表示另一事物或概念。

3. 隐喻的认知基础是人们比较事物的能力。

4. 原义为隐喻义提供背景支撑的现象称为原义的次激活。通过次激活,有些表达会产生委婉的效果。

5. 概念隐喻是通过熟知的其他事物(＝源域)来理解对象事物(＝目标域),以求达到更佳理解效果的认知机制。

·思考题·

1. 下面例句中画线部分原本是关于"天气"的表达,基于隐喻产生了新义。请思考其语义,并说明原义与新义之间有何共同点。

(1) Aさんにいろいろと話を聞いてもらい、ようやく心が晴れた。

(向A倾诉了一番,心情总算好些了。)

（2）その知らせを聞いて、Bさんの心に暗雲が垂れ込めた。

（听到那个消息,B的心里头笼上了一层乌云。）

（3）Bさんはお天気屋だから付き合いにくい。

（B的性格阴晴不定,很难相处。）

2.漏斗状男用小便斗有时被称作「朝顔」（牵牛花）,这是基于隐喻的表达。请从次激活的角度思考这种表达的存在意义。

3.请思考,你兴趣领域中的一系列表达是如何通过隐喻运用于日常生活中的?

第6讲 转喻

> **要点**
> - 转喻是基于"邻近性"或更广泛的"相关性"的比喻。
> - 转喻的认知基础是"参照点能力"这一认知能力。

6.1 引言

假设这样一个情景,老师对学生说:「早く黑板を消しなさい」(快擦掉黑板)。学生(强词夺理地)说:"老师,这种事我做不到。黑板上的字可以擦掉,但黑板怎么能擦掉呢?我又不是魔法师。"那么,老师将〈擦掉黑板上的字〉说成「黑板を消す」(擦掉黑板),我们是否应指责其用法是不准确的呢?我们将在下面讲到,实际上,这种表达数量不少,日常生活中使用得非常频繁。

第5讲中我们提到,比喻是把某个语句用于表示与其本义不同的意义。这里的「黑板を消す(の特に「黑板」)」(擦掉黑板[尤其是"黑板"这个词])的用法同样是一种比喻,叫作**转喻/换喻**(メトニミー/换喻,metonymy)。所谓转喻,就是基于两种事物外界存在的**邻近性**（隣接性，contiguity），或更广泛意义上的，两种事物或概念在认知主体思考或概念化过程中的**相关性**（関連性），用表示某一事物或概念的表达形式表示另一事物或概念，其关键是"邻近性"和"相关性"。我们对照黑板的例子来看一下这个定义，基于〈黑板〉和〈黑板上的字〉之间的邻近关系，本来表示〈黑板〉这个物体的「黒板」（黑板）一词可以用来表示〈黑板上的字〉。

在本讲中，我们将列举各类基于转喻的语言表达，来说明转喻的认知基础和表达效果。

6.2 空间上的邻近

我们先从类似「黒板を消す」（擦掉黑板）中的「黒板」（黑板）这种基于两个事物空间上相互邻近的转喻看起。譬如「テーブルを片づける」（收拾桌子），虽然也有可能表达〈避免碍事，将桌子搬到房间角落〉的意思，但多数情况下，这句话的意思是〈把桌子上的东西（如餐具等）转移到别的地方（如洗碗槽）〉，或是〈整理桌子上散乱的物品〉。后者的「テーブル」（桌子）一词通过转喻指代〈桌子上的物品〉。也就是说，「テーブル」（桌子）一词的指代对象从〈桌子本身〉变为了和它邻近的〈桌子上的物品〉。这是最基本的转喻表达，即，当两个事物空间上邻近时，本来用于指代其中一方的表达，用来指代另一方。其他例子还有：「部屋を片づけ

る」（收拾房间）中，「部屋」（房间）表示〈部屋に散乱している物〉（房间里散乱的物品）；「背中を流す」（冲洗后背）中，「背中」（后背）表示〈背中についている汚れや石けん〉（后背上的污垢或肥皂）；「一升瓶を飲み干す」中，「一升瓶」（一升装瓶）表示〈一升瓶に入っている酒〉（瓶子里的酒）；「スタンドが沸いている」中，「スタンド」（观众席）表示〈スタンドにいる観客〉（观众席上的观众）等等。

下面我们来看一类空间邻近的特殊情况，即基于**部分与整体的关系**（部分と全体の関係）的转喻。我们说「扇風機が回っている」（电风扇在转）的时候，这里的「扇風機」（电风扇）指的是电风扇的〈扇叶〉部分。这种情况下，〈电风扇〉和〈扇叶〉的关系不同于各自独立存在的〈桌子〉和〈桌子上的物品〉，〈扇叶〉是〈电风扇〉的一部分。进一步讲，在这个例子中，原本表示整个电器的「扇風機」（电风扇）一词用于指代〈扇叶〉部分，是"整体→部分"的转喻手法。「冷蔵庫〔→冷蔵庫のドア〕が開いている」（冰箱〔→冰箱门〕开着）也属于此类。

也有"部分→整体"类转喻，比如，「手が足りない（から手伝って）」（人手不足〔请帮帮忙〕）中的「手」表示〈包含手在内的人的整个身体〉。也就是说，「手」原本表示〈人整个身体的一部分〉，在此用来表示〈人的整个身体〉。另外，「ご飯の前には、<u>手</u>をよく洗いなさい」（饭前好好洗<u>手</u>）和「質問がある人は<u>手</u>をあげてください」(有问题的人请举手)这两句话中的「手」分别表示身体的不同部分。「手を洗う」(洗手)的「手」指的是〈手腕以下的部分〉,而「手をあげる」(举手)的「手」指的是〈肩膀以下的部分〉,但二者同样也属于部分和整体的关系。由此看来,「手」一词能够分别用来表示〈手腕以下的部分〉、〈肩膀以下的部分〉以及〈整个身体〉等互为部分和整体关系的三个对象事物。「頭数をそろえる」(凑齐人数)中的「頭」(头)、「また近いうちに顔を出します」(近期还会再来/近期还会再露面)中的「顔」(脸)也同样都属于"部分→整体"的转喻表达。

6.3 时间上的邻近

下面我们讨论基于两个事件间时间邻近关系的转喻。「この問題を前にして、頭を抱えてしまった」(遇到这样的问题,发愁/抱头)中的「頭を抱える」意为〈发愁〉。之所以能用「頭を抱える」(抱头)来表达这一意义,是因为我们在发愁的精神状态下有时会做出抱头的动作。也就是说,基于〈发愁〉的精神状态和〈抱头〉动作同时发生的关系,本来表示〈肢体〉动作的「頭を抱える」(抱头)还可以用来表示〈发愁〉的意思。本来表示动作,又可表示同时出现的精神状态的转喻表达还有「全員無事だという知らせを聞いて、胸をなでおろした(→〈安心する〉)」(听到全员平安的消息,放心了/从上往下抚摸胸口)、「彼の提案にはみんなが首をかしげた(→〈疑問を感じる〉)」(大家对他的提议都感到疑惑/歪头)、「あの人の努力には頭が下がる(→〈敬服する〉)」(他的努力令人敬佩/低头)等。

两个事件在时间上的邻近性不仅仅指两个事件同时发生,还包括**连续**发生的情况。如「うちの子は全然親の言うことを聞かない」(我家孩子一点儿都不听话)中的「言うことを聞く」(听话)指的是〈按照话语内容行动〉。之所以可以表示这个意思,是因为其原义〈听取对方的话语〉与〈按照话语内容行动〉二者是连续发生的事情。也就是说,「言うことを聞く」(听话)这一表达原本表示先发生的事件——〈听取对方的话语〉,也可以用来表示后续发生的事件——〈按照话语内容行动〉。

与上述情况相反,原本表示后发生事件的表达也可以用来表示先发生的事件。比如,「(お)手洗い」(洗手[间])一词用来表示〈大小便(的处所)〉,这是基于〈大小便〉和〈洗手〉这两件事情在时间上先后发生的转喻。也就是说,「(お)手洗い」本来表示〈大小便〉后的〈洗手〉行为,通过转喻手法,可以表示〈洗手〉前的〈大小便〉行为(甚至是〈大小便的处所〉)。

6.4 各种各样的相关性

上面我们讨论了基于空间邻近性和时间邻近性的转喻。正如本讲开头所述,除了邻近性之外,还有基于各种相关性的转喻(有人可能将相似性也看作相关性的一种，但如第5讲中所述，基于相似性的比喻是隐喻）。

首先，我们来看基于**原因与结果的关系**（原因と結果の関係）的转喻，这种关系是由时间邻近关系进一步衍生而来的。如「Aさんは目に見えて上達した」（A明显地进步了）中的「目に見えて」（明显地）原本表示〈视觉捕捉得到〉的意思，在这里则用来指〈清楚地明白〉的意思。「目に見えて」（明显地）之所以能够表示这一意义，是因为视觉捕捉得到的话，就意味着能够清楚地明白。也就是说，〈视觉捕捉得到〉是原因，〈清楚地明白〉是结果，二者之间存在因果关系。「目に見えて」（明显地）原本表示原因，通过转喻手法可以用来表示结果。以下例子也属同种情况。

(1) Bさんは<u>口がかたい</u>（B嘴巴很严）

  原因：嘴巴紧闭

  结果：(不会轻易将话说出口→)保守秘密

(2) **お説教はもう<u>たくさんだ</u>**（说教已经听了很多了）

  原因：(已经)足够多

  结果：希望不要再继续说了

反过来，原本表示结果的表达也可以通过转喻表示原因。如「Cさんの言い訳を聞いて、二の句が継げなかった」（听了C的

辩解,[我]无言以对)中的「二の句が継げない」(无言以对)原本是〈说不出下一句话〉的意思,此处表示〈惊呆〉。之所以能够表达这个意思,是因为我们在惊呆或愣住的心理状态下往往说不出话。也就是说,〈惊呆〉是原因,〈说不出下一句话〉是结果,二者之间存在因果关系,「二の句が継げない」(无言以对)便是基于这一关系,通过转喻表示原因。

接下来讨论基于**物与事的关系**(モノとコトの関係)的转喻。「レポート」(报告)本来是指〈(某种)文章〉,而「やっとレポートが終わった」(报告终于写完了)中的「レポート」(报告)可以理解为〈写报告〉。可见,原本表示"物"的词语可以用来表示与此物相关的典型"事件(行为)"。而如果这句话是出自教师之口,则有可能指的是报告的评价和评分工作做完了。也就是说,上下文不同,可能会对同一"物"联想到不同的"事"。又如,「Aさんは本当に酒が好きだ」(A真的很喜欢喝酒)中的「酒」(酒)表示的是与〈酒〉("物")相关的典型行为〈喝酒〉("事"),也是同样的道理。

最后来看基于**作者与作品的关系**(作者と作品の関係)、**生产者与产品的关系**(生産者と製品の関係)的转喻。如,「漱石を読む」(读[夏目]漱石)、「村上春樹を買う」(买村上春树[的小说])等表达的意思分别为〈读漱石的作品〉〈买村上春树的作品〉。也就是说,原本表示作者的词语也可以用来表示该作者的作品。当

我们说「マーラーを聴く」(听马勒)的时候,我们听的是〈马勒谱写的乐曲〉,而当我们说「小澤征爾を聴く」(听小泽征尔)的时候,我们听的则是〈小泽征尔指挥的(交响乐等)演奏〉。此外,「トヨタに乗っている」(乘坐丰田)、「ベンツが欲しい」(想要奔驰)等表达中,本来表示生产者(厂家)的"丰田""奔驰"等词语,在这里均表示汽车这一产品。

6.5　转喻的认知基础:参照点能力

接下来我们来看构成转喻基础的认知能力——**参照点**(参照点,reference point)**能力**。人们在理解或指称某个目标对象时,如果对象直接理解起来有一定难度,便会灵活借助其他易于理解的事物来把握目标对象,这种认知能力就是参照点能力。此处的"易于理解的事物"便是**参照点**。对目标对象进行理解的人有时被称作概念化(概念化,conceptualization)的主体。参照点能力是我们在日常生活中普遍运用的能力,即便在没有语言伴随的场合,也往往会发挥作用。比如,鱼漂钓鱼。我们想要了解的是鱼是否咬到(带鱼饵的)鱼漂,但因为鱼在水面下,我们无法直接观察到。我们可以将能够直接观察到的鱼漂作为参照点,通过鱼漂去了解水面下的情况。也就是说,通过观察与鱼形成联动关系的鱼漂的动向(= 鱼漂沉下去),我们可以了解鱼的情况。

上述内容可参考下图。C = conceptualizer(概念化的主体)、

R = reference point(参照点)、T = target(目标)、D = dominion(辖域)、┄▶ = mental path(心理路径)。

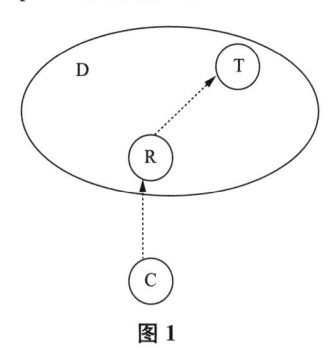

图 1

如图1所示,概念化的主体进行认知活动时的心理路径如下:首先感知参照点(如,鱼漂),然后在参照点可支配的认知辖域中最终抵达目标对象(如,鱼在水下的情况)。

在此,我们从转喻与参照点能力关系的角度,来重新认识一下转喻的机制。当某一表达被用于转喻时,这个表达的原义就是参照点,而这个表达实际所表示的意义则是目标对象。比如前面提到的「頭を抱える」,其原义〈抱头〉这个动作是参照点,通过这个参照点,我们可以理解无法直接得知的他人〈发愁〉的心理状态。简单地讲,就是我们无从直接得知他人心中所想,所以通过判断这个人(与心理状态相关)的动作和状态,来推断他的心理状态(另见第11讲的"框架与转喻")。

6.6 转喻的表达效果

最后要讨论的是基于参照点能力的某种转喻的表达效果。首先,我们来看前面提到的「(お)手洗い」(洗手[间])一词。〈大小便(的处所)〉不同于人的心理状态,直接理解起来不难。那么,为什么不直接说"用便"(大小便)或"便所"(厕所),特意通过转喻手法使用「(お)手洗い」(洗手[间])呢?这是第5讲中提到的"委婉表达"的一种(众所周知,人类的"死"和"排泄"都应该回避直接表达)。也就是说,用「(お)手洗い」(洗手[间])来表示〈大小便(的处所)〉,特意通过经由参照点〈洗手〉理解〈大小便(的处所)〉这一表现手法,使〈洗手〉义得到次激活(关于"次激活"参见第5讲),从而淡化了〈大小便(的处所)〉这一含义,产生了委婉的表达效果。

以下例句与"人类死亡"相关,也是基于转喻的委婉表达。

(3) **家族が駆けつけたときには、Aさんはすでに冷たくなっていた。**

(家人赶到的时候,A已经身体冰凉。)

此例句中的「冷たくなる」(变凉)可以表示〈(人)死亡〉,这是基于人死后失去体温、身体「冷たくなる」(变凉)的现象。也就是说,「冷たくなる」(变凉)的原义是人死后发生的〈失去体

温〉的现象,在这里则用来表示在这之前发生的〈死亡〉现象。经由「冷たくなる」(变凉)原义〈失去体温〉这一参照点理解〈死亡〉,通过这一方式,使〈失去体温〉得到次激活,从而多少淡化了〈死亡〉含义,产生了委婉效果。

第6讲小结

1. 转喻是比喻的一种,指基于两种事物外界存在的"邻近性",或更广泛意义上的、两种事物或概念在认知主体思考或概念化过程中的"相关性",用表示其中某一事物或概念的表达形式表示另一事物或概念。

2. 转喻最根本的基础是两个事物在空间上的邻近性,部分和整体的关系是它的一种特殊情况。

3. 转喻也可基于两个事件间的同时性关系或连续性关系。

4. 转喻还可基于两个事件间的原因与结果的关系、物与事(与物相关的典型行为)的关系、作者与作品的关系、生产者与产品的关系。

5. 转喻的认知基础是参照点能力。认知主体在理解或指称某个目标对象时,如果对象直接理解起来有一定难度,便会灵活借助其他易于理解的事物来把握目标对象,这种认知能力就是参照点能力,该"易于理解的事物"便是参照点。

6. 基于转喻的语言表达通过经由参照点理解目标对象这一方式,使得参照点被次激活,从而可以产生委婉的表达效果。

· 思考题 ·

1.「赤ずきん」(红头巾)是基于转喻手法的一种昵称。请思考其他基于转喻的昵称。

2.「A選手は今季限りでユニホームを脱ぐといううわさだ」(听说运动员 A 这个赛季结束后就会脱下队服)中的「ユニホームを脱ぐ」(脱下队服)是一种转喻手法,表示〈棒球运动员退役〉。请思考其他体育运动中运动员"退役"的相关表达。

3. 请搜集基于转喻的委婉表达,并思考其委婉性产生的原因。

第7讲 主观化

> **要点**
> - 所谓主观化,是指人类的认知活动以更为明显的形式呈现于语言所表达的意义(的变化或扩展)中的过程。
> - 主观化程度加深可形成反事实的假想。

7.1 引言

本讲是我们关注作为语言基础的认知能力的最后一讲。在此,我们先简要回顾一下前几讲中提到的作为语言表达的基础发挥着重要作用的几个主要认知能力。

首先,在第1讲中,我们介绍了"比较""概括""关联"等最基本的认知能力,这些认知能力构成了语言的基础。概括过程的前提是事例之间的比较,关联还包括发现多个事件之间的因果关系,我们还可以基于因果关系的知识进行推断。

第3讲介绍了范畴化。基于充分必要条件的范畴化以概括为基础,提取范畴成员的共同点,而基于原型的范畴化则以原型与其他成员之间的比较为基础。

第 4 讲探讨了能够对同一事物进行不同识解的认知能力,特别是"从不同角度识解同一事物""关注同一事物的不同部分""关注同一事物的构成要素或其整体"等认知能力是某些语言表达的重要理据。

第 5 讲介绍了隐喻。隐喻是基于相似性的比喻,其认知基础也是比较的认知能力。我们还探讨了概念隐喻,即通过源域理解目标域的认知机制,它是一系列语言表达的基础。

第 6 讲介绍了转喻。转喻是基于邻近关系、甚至更广泛的相关性的比喻。其认知基础是通过参照点抵达目标的参照点能力。

以上内容,概而言之,即,任何语言表达都是基于说话人以某种方式识解事物的认知能力。

本讲介绍认知能力的最后一个主题,**主观化**(主体化,subjectification)。主观化是指人类的认知活动以更为明显的形式呈现于语义(的变化或扩展)中的过程。

7.2 主观化

我们可以通过以下两个包含「くだる」一词的例句,对主观化加以说明。

（1）駅伝の選手が軽快な足取りで山道をくだっている。

（马拉松接力赛运动员迈着轻快的步伐跑下山路。）

（2）この山道は展望台のあたりから急激にくだっている。

（这条山路从瞭望台附近开始出现陡峭的下坡/这条山路从瞭望台附近开始急剧下降。）

首先,这两个句子的区别在于,例句(1)描述的是"人在实际移动"的场景,而例句(2)描述的并非是某物移动的场景,而是"山路坡度陡"这一状态。

具体而言,例句(1)用来描述沿途观众用目光追随着马拉松接力赛运动员跑下山路的场景。也就是说,例句(1)是基于通过移动视线识解到的实际位移。例句(2)描述的则是站在山上瞭望台上方的人沿着山路移动视线的结果,而山路作为识解对象,其坡度本身处于不变的状态。这种主观移动视线识解对象的方式,亦是人类的基本认知活动之一(参照第4讲)。

从以上两个句子的差异可以看出,例句(2)反映了人类较为主观的认知活动。换言之,例句(1)中虽也存在视线的移动,但毕竟人在实际移动,识解时必然需要用目光追踪。与此不同,在例句(2)中,尽管山路这一识解对象本身既无变化也无移动,但采用了随着对象主观移动视线这一识解方式。由此可见,例句(1)中伴随或附属于识解对象(此处为人的位移)的这种认知活动(此处为通过移动视线识解对象),如例句(2)所示,以更为凸显、更为明显的形式展现出来的认知过程,就是主观化。这种过程之所以冠名为"主观化",是因为在识解"客体"与识解"主体"(人)这一关系中,"主体"的认知活动更为凸显。

下面,我们再来确认一下「くだる」一词上述两个语义间关系的主观化动因。例句(1)的「くだる」包含两个意义,即〈某物实际向下方移动〉和为识解该位移而〈将视线(依次)向下方移动〉。而例句(2)的「くだる」仅基于〈将视线(顺次)向下方移动〉这一意义。由此可知,例句(2)中「くだる」的意义是例句(1)中「くだる」的意义经主观化这一认知过程而形成的。

再来看一组类似的例子。

(3) みるみるうちに雲が広がり、雨が降りだした。

(转眼间乌云密布,下起雨来了。)

(4) 駅に降り立つと、見渡すかぎり田んぼが広がっていた。

(出了车站,放眼望去是一片广阔的田地。)

我们来看这里的动词「広がる」[1]。首先,例(3)的「広が

---

1 「広がる」原义为〈扩大〉。

る」表示一种变化,即〈云在天空中所占范围变大〉,说话人通过视觉捕捉到了这一变化。而例(4)的「広がる」表示的并非是〈田地所占范围变大〉这一变化,而是〈视野几乎都被田地所占据〉这一状态。只是,从例句中「見渡すかぎり」(放眼望去)这一表达也可以看出,这里表示的是将视线向四面八方移动,无论投向哪里,看到的都是田地。

从上述说明可以看出,这两个「広がる」的区别与「くだる」情况相同。也就是说,例(3)的「広がる」包含云的实际变化和用视觉捕捉云的变化这两个含义,而例(4)的「広がる」不包含变化,只表示通过移动视线识解静止状态的认知活动。由此可知,例(4)中「広がる」的意义是例(3)中「広がる」的意义经过主观化这一认知过程而形成的。

在此,我们简单看一下主观化与隐喻(参照第5讲)的区别。

(5) **男女普通選挙が実施されたのは、時代はくだって、戦後のことである。**

(时代变迁,到了战后,男女普选开始得以实施。)

例(5)中的「くだる」表示〈时间流逝,进入下一个时代〉。这个意义并非基于主观化,而是由例(1)的「(山道を)くだる」(下[山])基于隐喻扩展而来。这是因为,「(時代が)くだる」

（[时代]变迁）伴随着实际的〈时间经过〉，区别于人类单纯地（通过移动视线等方式）识解静止的事物。进一步讲，「山道をくだる」（下山）和「時代がくだる」（时代变迁）分别为〈空间上（向下方）移动〉和〈时间上（向下一个时代）移动〉，二者间虽有空间和时间轴的差异，但存在着〈从某一点向另一点移动〉这一共同点，这个共同点正是隐喻的基础。

7.3 直接描写"所见"

首先，让我们来看以下例句。不难想象，该例句是说话者驱车向山的方向行驶时说出的。

(6) だんだん山が迫ってきた。

（山离我们越来越近了。）

从「敵陣に迫る」（逼近敌人阵地）等表达中可以看出，「迫る」一词的意义原本为〈（人等）主体靠近某对象并施加压力〉。但在例(6)中不能这么理解，因为不存在"山移动着靠近自己"这种情况。那么，例(6)该如何理解呢？

首先，这句话表示"自己乘坐的车和山之间的距离缩短了"。无须赘言，距离缩短是车移动所致。实际情况虽然如此，但是从车内人的角度来看，他们看到的、感知到的则是山在向自己靠近。也就是说,即便现实中并非如此,我们也会用语言来表达我们的所见所感。与我们仅仅如实描述现实(如,实际的移动)相比,这种事物的识解方式更为明显地展现出我们的认知活动,也是一种主观化。

(7) 船(の姿)がだんだん大きくなってきた。
(船渐渐变大了。)
(8) 船(の姿)がだんだん小さくなっていった。
(船渐渐变小了。)

这两个例句分别描述了站在码头上看到的船靠近港口和远离港口的情景,这同样是基于码头上的人的眼睛所见。也就是说,"船"的大小本身并未发生变化,变化的是人的所见。

接下来,我们来讨论下面这个有趣的实例。

(9) **車窓はたちまち暖気で曇って外は見えないが、フロントグラス越しに赤や緑の街のネオンサインや行き交う車のライトが光っては後ろへ流れてゆく。(佐々淳行『連合赤軍「あさま山荘」事件』、文藝春秋、p.40)**

(车窗顿时被热气蒙上了一层雾,看不见外面。但透过前挡风玻璃,可以看到<u>街上红红绿绿的霓虹灯和来往的车灯</u>,闪烁着向后驶去。)

仔细观察画线部分便会发现,"向后驶去"的是"街上红红绿绿的霓虹灯"和"来往的车灯"。这里需要注意的是,"来往的车灯"确实正向自己乘坐的汽车后方移动,而"街上红红绿绿的霓虹灯"当然是不会移动的。也就是说,因为自己乘坐的汽车在移动,所以无论实际上是否在移动,视觉上都是在向后移动,由此,作者将两者一同描写为「後ろへ流れてゆく」(向后驶去)。

7.4 反事实的假想

我们来看一组动词「散る」的例句。

(10) サクラの花びらがつぎつぎと<u>散っている</u>。

(樱花花瓣纷纷<u>飘落</u>。)

(11) 川一面にサクラの花びらが<u>散っている</u>。

(樱花花瓣<u>飘落</u>在河面上。)

(12) せまい座席のあいだをなんとか通り抜けて近づくと、その女性はハンカチを顔に押し当てて泣

いている。（中略）顔にはソバカスが散っている。（関川夏央『やむにやまれず』、講談社文庫、p.180）

（勉强穿过座位间的狭窄过道靠近一看，那个女人正用手帕捂着脸哭泣着。[中略]脸上<u>有星星点点的/散落着雀斑</u>。）

我们来看一看此三例中「散っている」（飘落/散落）的语义差异（关于「〜ている」的意义，参照第1讲）。首先，例(10)表示樱花花瓣飘落这个事件现在正在进行。例(11)表示樱花花瓣在过去的某一时间飘落于河面上，其状态现在仍然持续。

那么，例(12)呢？「顔にソバカスが散っている」（脸上有星星点点的/散落着雀斑），毋庸赘言，这里既不表示「散る」（飘落）这个事件现在正在进行，也不表示聚集在脸上某处或脸以外某处的雀斑大面积「散る」（散落）于脸上的结果。例(12)表示的是〈脸上（相当大的范围）有雀斑〉这一面部状态。那么，为什么可以用「ソバカスが散っている」（散落着雀斑）来表示〈脸上（相当大的范围）有雀斑〉这一状态呢？这可以认为是人们把脸上雀斑星星点点的状态看作是与花瓣飘散落于河面或地面上的状态、或墨水溅落到纸上的状态相似，因此虽然实际上不可能发生，却仍将此状态视同聚集在某处的雀斑散落于脸部一般进行表达。

第7讲 主观化

显然，对这种状态的识解方式极具主观性。换言之，思考某状态产生的原因，并假想一个不符合事实，即反事实的产生过程，从某种意义上来说，这是一种高级的认知活动。例(12)是这种认知活动得到凸显的表达，亦即主观化程度加深的表达。

再来看一个同样的例子。

(13) 駅の南側に飲食店が集まっている。

（车站南侧<u>聚集</u>了许多餐饮店。）

此句表示车站南侧几乎所有的区域都被餐饮店所占据的状态。<u>这里</u>也并非是原本位于不同处所的餐饮店移动至车站南侧并停留于此，而是说话者做了这种反事实的假想。

另外，「ソバカスが散っている」（散落着雀斑）、「飲食店が集まっている」（饮食店聚集)与上述「山が迫ってきた」（山越来越近了)等表达，在反事实这一点上是相同的，其差异在于后者是对所见所感的如实表达，而前者是对状态产生过程的反事实假想。

> **第7讲小结**
> 1. 主观化指人类的认知活动以更为明显的形式呈现于语言所表达的意义（的变化或扩展）中的过程。

2.在现实生活中,虽然事物并没有发生变化或移动,但如果我们能够感知到其变化或移动,就可以用语言如实表达我们的所见。这种表达凸显了我们的认知活动,也是一种主观化。

3.针对某一状态假想一个事实上不存在的产生过程,这也是我们拥有的一种认知能力。这种认知能力得以凸显的语言表达,是主观化程度加深的体现。

· 思考题 ·

1.请从主观化的角度思考以下两个句子之间的差异。

1) 私たちは徐々に目的地に近づいている。
(我们正逐渐接近目的地。)
2) 目的地が徐々に近づいている。
(目的地越来越近了。)

2.请从主观化的角度思考「やっと雨があがった」(雨终于停了)中的「あがる」这一表达。

第8讲 新经验主义：身体性

> **要点**
> - 人的身体构造、身体感觉和五感对基本概念的形成发挥着重要的作用，是语言的基础。

8.1 引言

在第2讲中，我们以合成词语义和固定短语（=词语搭配）为例，探讨了基于我们的身体所获得的各种经验构成了语言的重要基础。在本讲中，我们将对**新经验主义**（経験基盤主義）的观点做进一步详细的说明。任何经验都是通过自己的**身体**（的各器官）获得的，我们将聚焦这一事实，探讨身体作为概念形成、甚至语言习得的基础，发挥着怎样的作用。以往有观点认为，概念形成和大脑思考与身体（的活动）无关，而认知语言学则认为两者是密切相关的。下面，我们来看看身体（的各器官）作为概念及语言的基础发挥的重要作用。

8.2　基于身体的概念形成

我们先来看⟨前/后⟩⟨左/右⟩⟨上/下⟩这些基本概念是如何以人的身体构造和功能为基础的。

首先,从侧面看,我们的身体是左右不对称的。特别是面部朝向一个方向,位于面部的视觉器官——眼睛无法同时360度环视。其次,接触地面的脚(脚腕以下部位)的前端与面部朝向相同,而脚后跟基本位于腿的正下方。再来看一下弯腰时的情况,顺着面部朝向弯曲上身比顺着背部朝向弯曲上身要容易得多。由于我们具有这样的身体特征,所以顺着面部朝向移动要比顺着背部朝向移动要容易得多。

如上所述,身体部位的结构特征使得各身体部位的功能受到限制,这不仅导致了⟨前⟩⟨后⟩概念的产生,也成为表达这类概念的词汇得以存在于人类语言中的基础。倘若人体接近球体形状,或者背部也有视觉器官,则可能不会出现⟨前⟩⟨后⟩概念的区别。

人体的上述特征对于区分⟨左⟩⟨右⟩概念也同样起着重要的作用。区分左右时首先要选择一个朝向。例如,同样的情形,从观众席看向舞台说「Aさんの(向かって)右にBさんがいる」(A的右边是B),若从舞台上看,就要说成「Aさんの左にBさんがいる」(A的左边是B)。也就是说,正因为人类存在面部朝向侧和非朝向侧(=背部朝向侧)的区别,就有一个面部(甚至眼睛)的朝向问题,所以才能够区分〈左〉〈右〉概念。

基于地球引力和人体的基本构造,当我们站立在地面上的时候,与地面呈垂直状态。由此,我们可以区分靠近天空的身体部位和靠近地面的身体部位,甚至可以以自己的身体为基准对身体上方的天空和下方的地面进行不同的定位,这使得〈上〉〈下〉概念的区分成为可能,并成为表达此类概念的词汇存在于人类语言之中的基础。

8.3 身体感觉、五感的作用和概念形成

我们通常会说「この箱は重い/軽い」(这个箱子很重/很轻)、「今日は体が重い/軽い」(今天身体很沉/很轻),而要习得或理解「重い/軽い」(重/轻)所表达的概念,离不开身体的经验(身体感觉)。也就是说,我们在抬举或搬运东西时,身体会根据其重量感受不同的阻力,这种**身体感觉**便成为理解「重い/軽い」(重/轻)概念的基础。

我们还可以通过掌管视觉、听觉、嗅觉、味觉、触觉这五觉的感觉器官来感知一定范围内的刺激,并辨别刺激的程度和类型。这种感觉器官的作用以及通过感觉器官获得的经验同样在概念的形成中发挥着重要作用。

例如,人们感到「まぶしい」(晃眼)是因为视觉器官能够感受到光线强度的差异,而感到「くさい」(臭)是因为嗅觉器官能

够在某种程度上辨别气味的差异,具备对某种气味感到不舒服的功能。

不过,这五个感觉器官在辨别事物的敏锐度方面存在很大的差异。例如,视觉比嗅觉更能分辨出事物的细节。当我们辨认一个人的时候,用眼睛看便可即刻判断出对方是谁,但闭上眼睛仅凭气味,往往难以辨别,尽管人们的气味(体味)多少存在些个体差异。

这一点也反映在与视觉和嗅觉相关的语言表达中。

(1) Aさんの英語は<u>目に見えて</u>上達した。

(A 的英语<u>明显地</u>进步了。)

(2) どうもあいつが<u>くさい</u>。

(总觉得那家伙有些<u>可疑</u>。)

「目に見えて」(明显地)这个说法曾在第 6 讲中作为转喻的例子探讨过。它的原义是〈视觉捕捉得到〉,而在例句(1)中表示〈清楚地明白〉。「目に見えて」之所以能够表达此义,正是因为我们的视觉具有出色的辨别能力。例句(2)中的「くさい」用于猜测谁是犯人的语境中,表示〈虽无法断定,但能够感觉到(某人是犯人的)可能性〉。也就是说,我们的嗅觉识别力低于视觉,很难明确地识别事物。「くさい」用于比喻时也继承了这一特征,仅表示可能性,而不进行断定。此外,「くさい」的这种用法也可以用来表达我们的直觉或第六感觉,即虽无什么根据,却莫名地能够感觉到。至于嗅觉,众所周知,犬类远胜于人类,因此它能够在刑事侦查中大显身手。

8.4 身体对对象的作用

了解人类使用的各种工具,无非是了解如何用我们的身体(部位)作用于工具以发挥工具的功能。例如,了解"剪刀"就是了解如何用手指和手操作剪刀。换言之,仅仅知道工具的形状或材质,称不上了解了这个工具。要了解某一事物,了解身体对它的作用是不可或缺的。

当我们说「座るところがないから、ゴミ箱をひっくり返して椅子にする」(没地方坐,就把垃圾桶倒过来当椅子)时,因为我们赋予了原本并不是"椅子"的"垃圾桶"以供人坐的功能,因此能够暂且称之为"椅子"。在这种情况下,我们通过关注如何(临时)使用某一对象、如何用身体作用于它,使得"椅子"的范畴得以扩展(关于"范畴"另见第3讲)。

如上所述,我们的身体作用对了解某种事物是不可或缺的。有趣的是,有些语言表达本身也与身体作用有着明显的关联性。下面,我们来看相关的例子。

首先,我们来看一下「借金が雪だるま式に増えていった」(债务像滚雪球式地越来越多)这个表达方式,要理解这里的「雪

だるま（式）」（雪人［滚雪球式］），仅知道"雪人"堆好后的样子是不够的。虽然「雪だるま（式）」（雪人［滚雪球式］）这种用法在日语中已经固定下来了，但很显然，创造这一用法的人是基于人们堆雪人的过程，即在雪地上滚雪球，使雪球越滚越大的身体经验。

再如，「自転車操業」（负债经营）[1]表示企业通过反复借钱与还钱来周转资金，艰难维持经营。这种说法也是基于人们对自行车的作用，即一旦停止脚蹬踏板，自行车就会倒下的身体经验。

8.5 隐喻的单向性

身体（器官）作为概念及语言的基础发挥着重要作用。下面，我们通过基于隐喻的表达方式来说明这一点（关于"隐喻"，参见第5讲）。

（3）a. この箱は<u>軽い</u>。

（这个箱子很<u>轻</u>。）

b. Aさんなら、これくらいのことは<u>軽く</u>やってのけるだろう。

（如果是 A 的话，这点事定能<u>轻松</u>搞定。）

---

[1] 「自転車操業」中的「自転車」原义为〈自行车〉。

「軽い」在这两个例句中表示的语义不同,(3)a 中表示身体的感觉,(3)b 中则表示事情的难易度〈容易/轻松〉。两个语义之间至少有〈(做事)阻力小〉这一共同点,可以看作基于隐喻身体感觉义得到了扩展,产生了难易度义。

虽然存在上述"身体感觉→难易度"这一方向的隐喻,但反方向的隐喻似乎是不存在的。也就是说,「易しい/難しい」(容易/困难)、「容易だ/困難だ」(容易/困难)等表示难易度的词语无法用来表示单纯的身体感觉。由此看来,基于身体感觉的概念是更为基本的概念。

我们再来看几组同样是与身体五感相关的形容词的例句。

(4) a. この部屋は明るい/暗い。

  (这个房间很明亮/暗。)

 b. Aさんは性格が明るい/暗い。

  (A 性格开朗/阴郁。)

(5) a. 工事の音がうるさい。

  (施工的声音很吵。)

 b. Bさんは食べ物にうるさい。

  (B 吃东西很挑剔。)

(6) a. このクリームはとても甘い。

  (这个奶油很甜。)

b. C先生は学生に甘い。

　　　（C老师对学生不严格。）

(7) a. この鯉は泥臭いので、洗いには向かない。

　　　（这条鲤鱼有土腥味,不适合做成生鱼片儿。）

　　b. 今の時代に、こんな泥臭い奴は珍しい。

　　　（当今这个时代,很少见这么土气的家伙。）

(8) a. この肉はかたい。

　　　（这块肉很硬。）

　　b. 結婚するなら、かたい人がいい。

　　　（结婚的话,找可靠的人比较好。）

　　在(4)至(8)的例句中,同一词语在 a 中表示与五感相关的意义（依次为视觉、听觉、味觉、嗅觉、触觉）,在 b 中表示人的性质或特征,a 与 b 之间存在"五感→(人的)性质"这一方向的隐喻。这种隐喻似乎也很难存在反方向的。比如,「明朗だ」（开朗）、「ださい」（土气）、「堅実だ」（牢靠）等表示人的性质的词语无法表达与五感相关的意义。从这里我们也可以看出,与五感相关的概念是更为基本的概念。

　　下面,我们来看动词的例句。

(9) a. 地面のゆれを感じる。

(感觉地面在摇晃。)

　b. **この作品に神秘性を感じる。**

(〔我〕在这部作品中感觉到一种神秘感。)

(9) a 中的「感じる」(感觉)表示身体感觉,b 中的「感じる」(感觉)表示基于感性或知性的活动。也就是说,基于隐喻,动词「感じる」(感觉)的意义以"身体感觉→感性或知性活动"的方向得到了扩展。相反,「考える」(思考)、「わかる」(明白)等表示心智活动的动词却不能表达单纯的身体感觉。

(10) a. **遠くに富士山が見える。**

　　(远处可以看到富士山。)

　b. **一向に解決策が見えてこない。**

　　(完全找不到解决方法。)

(11) a. **料理を味わう。**

　(品尝菜肴。)

　b. **バロック音楽を味わう。**

　　(欣赏巴洛克音乐。)

(12) a. **暑くなってくると、どぶがにおう。**

　　(天气一热,水沟就会反味。)

　b. **どうもあいつがにおうから、怪しい行動をしな**

いか注意して見ていた方がいい。

(总觉得那家伙有些<u>可疑</u>,你最好注意一下他有没有什么奇怪的举动。)

在(10)至(12)的例句中,同一词语在 a 中表示与五感相关的意义(依次为视觉、味觉、嗅觉),在 b 中则表示感性和知性活动。也就是说,(10)b 的「見える」表示〈想到〉,(11)b 的「味わう」表示〈欣赏〉,(12)b 的「におう」表示〈(虽然没有充分的根据)但给人感觉在做不好的事情〉。因此,这些词语的语义也是基于隐喻以"五感→感性和知性活动"的方向得到了扩展。而「愛でる」(欣赏)、「感づく」(感觉到)、「疑う」(怀疑)等表示感性和知性活动的词语,也同样无法表达单纯的五感。

如上所述,基于隐喻,表达身体感觉或五感的词汇可以用来表示难易度、人的性质、感性和知性活动等,而反方向的隐喻则难以成立。这一隐喻的单向性也说明,身体感觉或五感作为概念及语言的基础发挥着重要的作用。

第8讲小结

1.〈前/后〉〈左/右〉〈上/下〉这些基本概念的成立基础是人的身体构造和身体功能。

2.掌管身体感觉和五感的感觉器官的功能也对概念的形成发挥着重要的作用。

3.要了解某种事物,必须要了解身体对其施加的作用。而且有些语言表达,如「雪だるま式」(滚雪球式),其产生也是基于身体对对象施以作用的经验。

4.存在"身体感觉→难易度""五感→(人的)性质""身体感觉或五感→感性和知性活动"等方向的隐喻,而反方向的隐喻则难以成立。由此也可以看出,身体(的各器官)作为概念及语言的基础发挥着重要的作用。

・思考题・

1.「芋蔓式に犯人を検挙する」(顺藤摸瓜抓捕犯人)表达的意义大致为〈一个接一个地抓捕犯人〉。请思考人们对「芋蔓」(红薯蔓)的何种作用或经验构成了这一语义的成立基础。

2.请举出原本表示身体感觉或五感的词语基于隐喻扩展到其他语义的例子。

第9讲 语义与认知域

> **要点**
> - 认知域是描写语义时所涉及的背景领域。
> - 描写语义时,在相关认知域中,直接作基础的部分称为"基体",在"基体"中,词(义)直接指向的部分称为"侧面"。

9.1 引言

本讲将阐述通过经验形成的各种**认知域**(認知領域,cognitive domain)是语言的重要基础。首先,让我们看看含有「雪」(雪)的一组例句。

(1) 明日は一日雪だそうだ。

(据说明天会下一整天雪。)

(2) Aさんは雪のような肌をしている。

(A 肤白如雪。)

（3）子どもたちが元気よく雪合戦をしている。

（孩子们正快活地打着雪仗。）

（4）このゲレンデの雪は滑りやすい。

（这个滑雪场的雪好滑。）

（5）この村は、冬場は雪に閉ざされる。

（这个村子冬天会被雪封住。）

例（1）中的「雪」（雪）和「晴れ」（晴）、「雨」（雨）一样，表示一种"天气"。例（2）中的「雪」则关注雪的白"颜色"。此外，「雪明かり」（雪光）一词中的「雪」则被视为一种能够带来一定"光亮"的东西。例（3）中的「雪合戦」（打雪仗）表示将雪捏成团互相投掷的"游戏"，这里的「雪」是"游戏"素材。「雪だるま」（雪人）也是（儿童）堆着玩儿的，因此，这里的「雪」也是"游戏"素材。例（4）则从滑雪和滑板的难易度描写了雪，即，雪可以为人们的"运动"和"娱乐"提供条件。例（5）中的「雪」是给生活和交通带来不便的"障碍"。「雪下ろし」（[从房顶上]除雪）、「雪かき」（铲雪）中的「雪」也是应该去除的"障碍"。

如上所述，要（根据语境）正确理解「雪」的语义，就须从"天气""颜色""亮度""游戏（的素材）""运动和娱乐（成为可能的条件）""（生活、交通的）障碍"等各个角度加以理解。

这种描写语义时所涉及的背景领域称为"认知域"，多个认知域形成多种多样的关系并存在于我们的大脑中。从「雪」的例子也可以看出,多个认知域的形成离不开我们的身体经验。

9.2　认知域

语言基于多个认知域,为说明这一点,我们再来看「学校」(学校)一词的一组例句。

(6) 丘の上に<u>学校</u>が見える。

(能看到山坡上有所<u>学校</u>。)

(7) 明日は<u>学校</u>がないから、のんびりできる。

(明天不<u>上课</u>,可以轻松一下了。)

(8) A校はこのあたりで一番レベルの高い<u>学校</u>だ。

(A校是这一带水平最高的<u>学校</u>。)

(9) 最近、学生を大事にする<u>学校</u>が増えているようだ。

(最近,重视学生的<u>学校</u>似乎越来越多了。)

例(6)中的「学校」聚焦于学校的"建筑物",例(7)中的「学校」表示学校里最主要的活动——"上课"。例(8)中的"水平高"通常指"学生"(而不是教师),相反,例(9)中的「学校」则聚焦于"教职员工",不包括"学生"。「生徒の総意として学校側に校則

の見直しを求める」(全体学生一致要求校方重新修改校规),这里的「学校(側)」(学校[方])也不包含"学生",指的是"(校长等)教师"。而「あの事件で、学校は大騒ぎだ」(学校因那件事闹得沸沸扬扬)中的「学校」则包括了"学生"和"教职员工"双方。

由上可知,「学校」这个词的背后也存在着"建筑物""上课""学生""教职员工"等多个认知域。

认知域有各种各样的层次和类型。首先,在上述描写「雪」的各领域中,"颜色"这一认知域不存在背景领域。这种无法还原到其他领域的认知域称为**基本域**(基本领域,basic domain)。除了"颜色"以外,"空间""时间"及"味觉""嗅觉""温度感觉"等与五感相关的领域也都是基本域。

描写「雪」的认知域"游戏"当然不是基本域。游戏属于"(人的)行为"认知域,而"行为"发生于某一地点和某一时间,因此其基础是"空间"基本域和"时间"基本域。「学校」一词的"上课"领域也与"游戏"相同。

描写「学校」的认知域"学生""教职员工"的基础是"人"这一认知域,而"人"有体积,占据空间,因此,「学校」以"空间"基本域为基础。当然,"人"的基础领域不仅仅包括"空间",人能够维持一段生命,因而也与"时间"有关,人又可以进行心智活动,所以"精神"领域也不可或缺。

9.3 基体和侧面

在描写某个语义时,在相关认知域中,构成语义直接基础的部分称为**基体**(ベース,base)。而基体中,词(义)直接指向的部分被称为**侧面**(プロファイル,profile)。

我们先通过「斜边」(斜边)一词来看一看"基体"和"侧面"。「斜边」的基体是认知域"二维空间(=平面)"中的一部分。

图 2   **图 3**   **图 4**

「斜边」指〈直角三角形中与直角相对的边〉。如图 2 所示,"直角三角形整体"是基体,粗线部分是侧面。如果去掉"直角三角形"这一基体,这条线便不再是"斜边",而成为图 3 所示的"直线(=线段)"。又如图 4 所示,如果没有侧面部分,便不能称为"斜边",而是一个"直角三角形"。由此可知,要准确理解"斜边"的语义,基体和侧面都必不可少。

接下来,我们从基体和侧面的角度,来看几个表示人体部位的词。首先,「腕」(手臂)以「体(全体)」(身体[整体])为基体,聚焦于〈肩膀根部至前端部位〉这一侧面。其次,「手」(手)的基体是「腕」(手臂)，侧面是〈手腕至前端部位〉(「手」也可表示〈手臂〉，甚至是〈整个身体〉，关于这一点参见第6讲)。再次，「指」(手指)的基体是「手」(手)，侧面是〈5根细长的部位〉。最后，「つめ」(指甲)的基体是「指」(手指)，侧面是〈手指末端的角质部位〉。

如上所述，「体(全体)」(身体[整体])、「腕」(手臂)、「手」(手)、「指」(手指)、「つめ」(指甲)这些部位依次是其较小部位的基体。

下面来看基体相同、侧面相异的情况。首先，以「円」(圆)为基体的词语有「中心」(中心)、「直径」(直径)、「弧」(弧)等。很显然，这三个词的侧面分别是「円」(圆)的不同部分。

再来看与"时间"相关的词。「春」(春)、「夏」(夏)、「秋」(秋)、「冬」(冬)的基体均为「一年」(一年)或「四季」(四季)，但侧面分别为不同的时期。「日曜日」(星期日)至「土曜日」(星期六)，7天共享「一週間」(一周)这一基体，而它们的侧面分别是「一週間」(一周)中各不相同的一天。

9.4 侧面相同，基体相异

在本讲的最后，我们来探讨一下侧面相同而基体相异的情况。先来看「裸眼」和「肉眼」，这两个词都表示〈不借助任何器具观察(某物)〉或〈不借助任何器具观察(某物)时的眼睛〉。那么，它们有什么差异呢？首先，「裸眼ではよく見えない」(用裸眼看不清楚)的意思是戴上"眼镜"或"隐形眼镜"就能看清楚。而「肉眼ではよく見えない」(用肉眼看不清楚)的意思则是使用"望远镜"或"显微镜"就有可能看得见。换言之,「裸眼」与"戴眼镜或隐形眼镜观察"形成对比,而「肉眼」则与"使用望远镜或显微镜观察"形成对比。

我们再从基体和侧面的角度来分析一下上述词语。「裸眼」的基体是"戴眼镜观察与不戴眼镜观察",侧面是〈不戴眼镜观察〉。而「肉眼」的基体是"使用望远镜或显微镜观察与不使用望远镜或显微镜观察",侧面是〈不使用望远镜或显微镜观察〉。如上所述,我们可以运用基体和侧面概念,从词语的基体差异去理解其语义差异。

下面来看「地球」(地球)和「世界」(世界)这两个词。「地球を征服する」(征服地球)和「世界を征服する」(征服世界)中的「地球」和「世界」都是指〈我们居住的星球(整体)〉。两者侧面相同,但基体相异。[1] 首先,「地球を征服する」(征服地球)的主体是居住在其他星球的外星人,这里将我们居住的"地球"理解为宇宙中众多星球中的一个。也就是说,「地球」的基体是"宇宙(的某一范围)"。这也可以从下面的语言表达来理解。当我们说「地球(の平和)を守る」(守护地球[的和平])时,可以表示守

---

[1] 「世界」(世界)还有其他明显不同于「地球」(地球)的意义,如「言語学の世界」(语言学的世界)、「私たちは住む世界が違う」(我们生活的世界不同)等,在此,我们不做探讨。——作者注

卫地球不受外星人的侵略。而「世界を征服する」（征服世界）的主体则是我们所居住的星球上的某些人，亦即人类。因此，「世界」的基体是我们所居住的星球，侧面是其整体。也就是说，「世界」的基体和侧面是一致的。这可以从以下语言表达中得到进一步说明。当我们说「世界の平和を願う」（祈愿世界和平）时，我们并未将宇宙（的某一范围）纳入视野，涉及的只是我们居住的整个星球。综上，「地球」（地球）和「世界」（世界）之间的差异也可以理解为基体的差异。

最后，我们来看「あした」（明天）和「翌日」（次日）。这两个词也有共同的侧面，即〈第二天〉。二者的区别在哪里呢？「あした」（明天）的基体是"说话日和其后一日，共两日"。"说话日"是说话人说出某句话的日期，在这里指说出包含「あした」（明天）这个词在内的那句话的日期，也就是"今天"。「あした」（明天）的侧面是基体"说话日和其后一日，共两日"中的〈第二天〉。我们再来看「翌日」（次日），它的基体是"说话日以外的任意一日和其后一日，共两日"。之所以表述为"说话日以外"，是因为"说话日"是上边提到的「あした」（明天）一词的基体的一部分。表达「あした、あらためて連絡します」（明天再联系您）时，应当使用「あした」（明天），而不能使用「翌日」（次日）说成「翌日、あらためて連絡します」（次日再联系您）。"说话日以外的任意一日"指只要不是"说话日"，任何一天都可以。例如，「私が上京した翌日に、その事件が起きた」（我到达东京的次日，发生了那个案件)中的「翌日」(次日),其基体是"我到达东京的那天和第二天",侧面是该基体中的〈第二天〉。而"我到达东京的那天"指说话人说出「私が上京した翌日に、その事件が起きた」(我到达东京的次日,发生了那个案件)这句话之前的某一天。由于「翌日」(次日)的基体是"说话日以外的任意一日",因此,完全可以用于基体是"未来两天"的语境里,如「上京した翌日にAさんに会う予定です」(我打算在抵达东京的次日见A)。

如上所述,词与词的语义差异有时可以从侧面相同、基体相异的角度得以厘清。

第9讲小结

1. 描写某个语义所涉及的背景领域称为"认知域"。

2. 不能还原为其他领域的认知域称为"基本域"。

3. 描写词义时,在相关认知域中,对语义起着直接的基础作用的部分称为"基体"。在基体中,词(义)直接指向的部分称为"侧面"。

4. 有时多个词可以拥有相同的基体和各不相同的侧面。

5. 有时多个词可以拥有相同的侧面和各不相同的基体。

· 思考题 ·

1. 请参考以下例句,思考「魚」这个词的认知域基础。

(1) ふるさとの川には、魚がたくさん泳いでいた。

（家乡的河里有许多鱼。）

(2) 肉と魚ではどちらがお好きですか。

（肉和鱼,您喜欢哪个?）

(3) 若いころから魚を獲って生活している。

（我从年轻时就靠捕鱼为生。）

2. 请思考基体相同、侧面相异的词语例。

3. 如下例所示,「（より）いい」和「ましだ」拥有〈一方优于另一方〉这一相同的语义（侧面）,但基体相异。请思考其基体的差异。

(1) あれの方がこれよりいい。

（那个比这个好。）

(2) あれの方がこれよりましだ。

（那个比这个强些。）

第10讲 意象图式

> **要点**
> - 意象图式是在人类通过身体与世界互动的过程中反复出现,能够以概括与抽象的方式提取的(认知)图式。
> - 通过意象图式转换以及概念隐喻,源域的意象图式结构映射到目标域,这一认知操作作为语言表达的基础发挥着重要的作用。

10.1 引言

本讲讨论人类在通过身体与周围世界(的各种事物)互动的过程中所形成的**意象图式**(イメージスキーマ,image schema)。意象图式同样作为各种概念以及语言的基础发挥着重要作用。

人们将空气吸入肺部、呼出肺部,将食物摄入体内、排出体外,这些都是人类生存过程中最基本的活动。通过这类身体经验,我们将自己的身体理解为一个**容器**(容器)。另外,我们通过进入家门、待在家中、走出家门等日常经验,将建筑物等视为"容器",同时也将我们自身理解为"容器内的内含物"。

通过这些经验,我们形成了由"内部""外部"和区分两者的"边界"所构成的"容器"意象图式,以及"进入容器/放入容器""从容器里出来/从容器里取出"的意象图式(以下将"进入容器/放入容器""从容器里出来/从容器里取出"的意象图式一并称为"容器"意象图式)。一般来说,意象图式是我们人类通过身体与所处的世界进行各种互动的过程中,反复出现并能够以概括和抽象的方式提取的(认知)图式。意象图式可以说是一种极为基本的经验结构,它为概念提供基础,而概念的一部分又反映到语言表达的意义之中。

10.2 意象图式的作用

首先,让我们以上述**"容器"意象图式**(「容器」のイメージスキーマ)为例,具体看看意象图式的作用。首先,「空気を吸い込む/吐き出す」(吸入空气/呼出空气)、「教室に入る/教室から出る」(进教室/出教室)、「家の中にいる/家の外に(出て)いる」(在家里/在家外面)等语言表达直接反映了基于"容器"意象图式的概念。很显然,"肺""教室""家"等均可视为"容器",它们有明确的内外分界,空气、物体、人可经由入口进出。

我们还可以使用「木陰に入る」(进入树荫)这种表达,但「木陰」(树荫)与「家」(家)等相比,没有区分树荫区域和非树荫区域的明确边界。不过,我们可以想到被树叶遮住阳光的区域和未被树叶遮住阳光的区域。而且,盛夏的户外,比起非树荫区域,树荫区域多少会让人舒服一些。因此,我们将树荫视为可以进出的"容器",这便是「木陰に入る」(进入树荫)这一表达产生的基础。

我们有时会看到写有「芝生に入らないでください」(请勿进入草坪)的标识牌。「芝生」(草坪)属于平面,这与「家」(家)、「木陰」(树荫)等三维事物不同。而且,人是三维的,不可能进入平面里(我们能够藏身于"草<u>丛</u>"中,但不能藏身于"草坪"中)。因此,这一表达可以认为是人们(根据草坪的形状)想象出一个以草坪为底面的长方体或圆柱体区域。这样的区域,便可将其视为能够进出的"容器"。

(1)幹線道路から細い道に<u>入</u>る。

(从主干道<u>进入</u>小路。)

(2)細い道から幹線道路に<u>出</u>る。

(从小路驶进主干道。/从小路<u>出</u>到主干道。)

例句(1)和(2)都表示开车从一种道路行驶到另一种道路,但使用的分别是「入る」(进)和「出る」(出)。「道」(道路)也与「家」(家)等不同,不是一个边界清晰的三维区域,也并非通过入口与外界相连,但我们可以把相对狭窄的道路视为"容器"。换句话说,"道路"虽然是平面,但它拥有一个区别于非道路的区域,由于"容器"的内部一般比外部狭窄,因此,我们可以把狭窄的道路视为"容器"的内部,而把宽阔的道路视为"容器"的外部。据此,从大路到小路的位移可以用「入る」(进)表达,而从小路到大路的位移则可以用「出る」(出)表达。

接下来看**"起点—路径—终点"意象图式**(「起点-経路—到達点」のイメージスキーマ)(以下称之为"路径"意象图式)。人类婴儿时期会反复经历从某处(起点)出发,沿着某条路径爬到存放玩具的地方(终点)。到了一定的年龄,又会经历每天从家(起点)出发,或徒步或乘车经由某条路径到达学校或公司(终点)。练习棒球的传接球时,则会发现自己(=起点)投出的球,沿着空中的某条路径移动,最终到达对方的接球手套中(=终点)。也就是说,无论移动的是自己还是物品,都必须有出发地点、到达地点、连接出发地点和到达地点的空间。通过这样的经验,自然便会形成由"起点""路径""终点"构成的意象图式。以下,我们将在"起点—路径—终点"之间移动的意象图式一并称为"路径"意象图式。

下面,我们来看看以"路径"意象图式为直接基础的语言表达。表示从"起点"离开的词语有「(故郷を) 離れる」(离开[故乡])、「(日本を) たつ」(离开[日本])、「(東京から) 出発する」([从东京]出发)、「(神戸港を) 出航する」([从神户港]起航)等。表示经由"路径"的表达有「（この道を）通る」（经过[这条路]）、「（橋を）渡る」（过[桥]）、「（太平洋を）航行する」（[在太平洋上]航行）、「（公園を）横切る」（穿过[公园]）等。表示到达"终点"的词语有「（目的地に）着く」（到达[目的地]）、「（頂上に）達する」（到达[山顶]）、「（最終地点に）到達する」（到达[终点]）等。

我们再来简单介绍几个其他的基本意象图式。首先，我们可以以自己所处的位置为"中心"，视觉感知到近处以及稍远处，并且能够以自己所处位置为参照对最近至最远的各处进行定位。我们还可以很容易地区分房间的"中央(处)"和"角落(处)"。基于这种经验形成的意象图式被称为**"中心—边缘"意象图式**（「中心・周辺」のイメージスキーマ），它将某个区域(按照程度的不同)划分并定位为"中心"和"边缘"。

还有**"连接"意象图式**（「リンク」のイメージスキーマ）。"连接"意象图式以"与人牵手/松手""系上/解开两根绳子"等经验为基础，表示"多个事物连接在一起"或"连接多个事物"。

10.3　意象图式转换

我们先来看下面的例句。

（3）子どもたちが橋を渡っている。

第 10 讲　意象图式　119

（孩子们正在过桥。）

(4) **明日、調査のために船で無人島に渡る。**

（明天要乘船到无人岛做调查）。

　　两个例句都包含动词「渡る」，其差异在于聚焦在构成"路径"意象图式的起点、路径、终点中的哪一部分。「橋を渡る」（过桥）聚焦在"路径"上，而「無入島に渡る」（到无人岛）的焦点是"终点"。表示物品的移动时，也有可能聚焦在"终点"上，如「機密文書が外部の者の手に渡る」（机密文件落入外部人员之手）。另外，「船で無人島に渡る」（乘船到无人岛）当然表示的是经由海上的某条"路径"到达无人岛，但句中若明确出现"终点"，如「無人島に」（到无人岛），则焦点在于"终点"而非"路径"。

　　上面我们探讨了聚焦意象图式的不同部分，像这样，对意象图式加以某种认知操作的做法称为**意象图式转换**（イメージスキーマ変換，image-schema transformation）。意象图式转换为「渡る」的两个语义间的差异和关联提供了理据。

(5) **A先生も毎朝、この道をいらっしゃるそうだ。**

（听说A老师每天早上也走这条路。）

(6) **B先生は今、研究室にいらっしゃる。**

（B老师现在在研究室。）

「いらっしゃる」是尊敬语,对应「行く/来る/いる」(去/来/在)这三个动词。例(5)中的「いらっしゃる」对应「行く/来る」(去/来),例(6)中的「いらっしゃる」对应「いる」(在)。由此可知——此处暂不考虑「行く」(去)和「来る」(来)的区别——「いらっしゃる」的两个语义的差异同样也是基于"路径"意象图式中的意象图式转换。也就是说,「この道をいらっしゃる」(走这条路)聚焦于"路径",而「研究室にいらっしゃる」(在研究室)则聚焦于"终点"(具体而言,是移动的结果到达后停留的地点)。

　下面,我们来看「向かう」一词。

(7) **今、大急ぎでそちらに向かっています。**

　　(现在正急忙赶往那里。)

(8) **毎日、3時間は机に向かう。**

　　(每天伏案3小时/每天都面向桌子3个小时。)

　例(7)中的「向かう」表示在某条"路径"上位移。例(8)中的「机に向かう」表示的不是位移,而是〈将身体转向桌子的方向(并保持这一状态)〉。人们移动时,第一步通常是在"起点"处将身体转向前进的方向。据此,「向かう」的两个语义也可以解释为"路径"意象图式中的意象图式转换。也就是说,例(7)中的「向かう」聚焦于"路径",而例(8)中的「机に向かう」聚焦于"起点"（在起点处"转换身体方向的行为"）。另外,「机に向かう」这一表达原本表示〈将身体转向桌子的方向〉,这一意义通过转喻扩展为〈进行学习等智力活动〉,而扩展后的意义也在某种程度上固定下来了(关于"转喻",参见第6讲)。

10.4 意象图式与概念隐喻

前面我们以动词「入る」（进）为例,探讨了"容器"意象图式的基础作用。如「家に入る」（进入家门）、「木陰に入る」（进入树荫)所示,「入る」可以用来表示向可视为"容器"的空间领域内部移动。

下面例句中的动词「入る」（进）、「入り込む」（潜入）、「紛れ込む」（混入）表示的不是向空间领域内部移动,而是加入由多数人组成的"组织"。

(9) **学校/会社/サークル/野球チーム/仲間に入る。**

（进入学校/进入公司/加入社团/加入棒球队/入伙。）

(10) **敵対する組織に入り込んで、スパイ活動をする。**

（潜入敌对组织开展间谍活动。）

(11) いつの間にか、プロジェクトに妙なヤツが<u>紛れ込んで</u>いる。

(不知何时，课题组<u>混入</u>一个怪家伙。)

　　这一系列表达的背后存在着一种**概念隐喻**（概念メタファー），即"通过向容器内部移动来理解加入组织的行为"。关于概念隐喻，在第5讲中已做讲解，指借助其他已知事物（＝源域）来更好地理解某一对象事物（＝目标域）的一种认知机制。很显然，此处"向容器内部移动"这一空间行为（＝源域）要比"加入组织"这一抽象行为（＝目标域）更易于理解。

　　"向容器内部移动"这一意象图式的基本结构在目标域"加入组织"中也依然得以保留。同典型的"容器"一样，"组织"也有区分内外的边界，也就是说，有是否属于"组织"之别。属于"组织"的人即"组织"内部的人，那么，"加入组织"便是身份由"组织"外部人变为"组织"内部人。

　　如上所述，在概念隐喻中，源域的意象图式结构被映射到目标域，并在目标域中得以保留，我们称之为**不变原则**（不变性原理，invariance principle）（严格地说，此处应补充一点，即若目标域具有某种结构，源域的映射则需与这一结构相吻合）。

　　接下来，让我们来看含动词「至る」「移る」「動く/動かす」的几个例句。

（12）ガンは、いまだ死に至る危険性の高い病気だ。

（癌症仍然是致死风险高的疾病。）

（13）半年もしないうちに、AさんからBさんに気持ちが移った。

（还不到半年,感情就从 A 转移到了 B。）

（14）Cさんの話を聞いているうちに、気持ちが動いた。

（听着 C 的一席话,[我]心动了。）

（15）彼の思いが、人々の心を動かした。

（他的诚意打动了人们的心。）

「至る」等动词原本表示空间"位移",并以"路径"的意象图式为基础,但在例句(12)至(15)中表示的均为"状态的变化"。也就是说,「死に至る」（致死/至死）意味着〈从活着的状态变化为死亡状态〉,「AさんからBさんに気持ちが移った」（感情从 A 转移到 B）意味着〈从爱 A 的状态变化为爱 B 的状态〉。此外,「気持ちが動いた」（心动了）、「人々の心を動かした」（打动了人们的心）分别表示〈心情变化为不同于以前的状态〉和〈使人们的心情变化为不同于以前的状态〉。

如上所述,这一系列表达的背后,离不开"借助空间位移来理解状态变化"这一概念隐喻的支撑,具体说来,即"通过从起点到终点的位移来理解从某一状态到另一状态的变化"。

这一概念隐喻也遵循着不变原则,也就是说,源域中的"路径"意象图式在目标域中也得到了保留。首先,源域中的"起点"是移动的起始点,目标域的"某一状态"是变化的起始状态,两者相互对应。同样,源域的"终点"对应目标域的"另一状态"(变化后的状态)。此外,目标域中的"从某一状态到另一状态的变化"可以看作"状态的转移",它与源域中的"空间位移"相对应。由此可知,不变原则在"借助空间位移来理解状态变化"这一概念隐喻中同样也是成立的。

> **第10讲小结**
>
> 1. 意象图式指的是在我们人类通过身体与周围世界进行各种互动的过程中反复出现,能够以概括和抽象的方式提取的(认知)图式。
>
> 2. 主要的意象图式有"容器"意象图式、"起点—路径—终点"意象图式、"中心—边缘"意象图式、"连接"意象图式等。
>
> 3. 我们可以聚焦意象图式的不同部分。这种对意象图式加以某种认知操作的做法称为"意象图式转换"。意象图式转换的作用在于为语言表达的不同意义间建立关联提供理据。

4. 在概念隐喻中,源域的意象图式结构被映射到目标域,并在目标域中得以保留,这种意象图式的映射我们称之为"不变原则"。

· 思考题 ·

1. 请列举基于"中心—边缘"意象图式的空间表达,并列举以"中心—边缘"意象图式为源域的概念隐喻及以该概念隐喻为基础的语言表达。

2. 请思考,以下例句的(划线表达的)背后,存在何种以"起点—路径—终点"意象图式为源域的概念隐喻?该概念隐喻中,源域的意象图式结构是如何在目标域中得到保留的(即遵循不变原则)?

(1) 果敢に新しい研究テーマに<u>乗り出す</u>。

(大胆地<u>开展</u>新的研究课题。)

(2) 研究成果が出るまで一歩一歩<u>進んで</u>いくしかない。

(在取得研究成果之前,只能一步一步向前<u>推进</u>。)

(3) やっとのことで論文の完成に<u>漕ぎつけた</u>。

(好不容易<u>完成了</u>论文。)

第11讲 框架

> **要点**
> - 框架是通过概括日常经验获得的、整合了多种要素的知识结构。
> - 可以通过聚焦框架中的某一要素或某种要素关系对某一语言现象进行合理的解释。

11.1 引言

在第2讲中,我们简单探讨了与"餐馆"有关的表达方式。由于我们拥有一系列关于餐馆的知识,因此我们只说「久しぶりに家族でレストランに行った」(时隔很久和家人去了餐馆),便可向对方传达"进入餐馆,吃了饭,喝了饮料,结了账,离开了餐馆"这样的意义。像"餐馆"相关的系列知识这样,通过概括日常经验获得的、整合了多种要素的知识结构,我们称之为**框架**(フレーム,frame)。要合理解释某一语言事实,框架知识是必不可少的,本讲就这一点予以阐述。

首先,框架知识使语言的高效使用成为可能。例如,我们对"厕所"框架拥有如下知识:

(1)"厕所"框架
进厕所→排泄→洗手→出厕所

这一框架是基于我们上"厕所"的经验形成的,它由几个不同的行为构成,这些行为要按一定顺序执行。因为我们都具有这一框架知识,所以只需说「朝起きると、まずトイレに行く」(早上起来先上厕所),便可传达上述"厕所"框架所包含的全部过程。

11.2　框架与意象图式/基体的区别

在此,让我们来看看框架与意象图式(第10讲)及基体(第9讲)之间的异同点。首先,框架和意象图式的共同点在于,二者均是通过概括日常生活中的个别经验获得的。不过,意象图式是在我们与周围世界进行基本的身体互动过程中形成的,从"容器"意象图式可以看出,意象图式高度抽象,换言之,它们十分粗略,适用于诸多事例。而框架则是通过各种社会性活动获得的,从"餐馆"和"厕所"的框架可以看出,它是一种更为个别的、复杂的知识结构。

框架和基体有时也会出现重合。以社会性活动为基础,具有一定复杂性的基体同样也是框架。例如,前面提到的「裸眼」(裸眼)一词,其语义是基于"戴眼镜观察,还是不戴眼镜观察"这一基体,而这一基体也可以看作一个框架。

11.3　框架的作用(1)

通过设定适当的框架,我们可以对相关词语之间的异同进行合理的解释。下面,我们以"商业交易"框架为例加以说明。构成商业交易所必需的要素包括"卖方""买方""物品(=商品)""钱(=货款)"。这些构成要素之间的关系为"物品(的所有权)从卖方转移到买方""钱(的所有权)从买方转移到卖方"。以上可以总结如下:

(2)"商业交易"框架
　　构成要素:"卖方""买方""物品(=商品)""钱(=货款)"
　　构成要素间关系①:物品(的所有权):卖方→买方
　　构成要素间关系②:钱(的所有权):买方→卖方

下面,我们来探讨「売る」(卖)、「買う」(买)、「(支)払う」([支]付)这些动词分别聚焦于上述框架的哪个构成要素或构成要素之间的关系。先来看「売る」(卖)。

(3) Aさんが家を売った。
　　(A把房子卖了。)
(4) a. AさんがBさんに家を売った。

(A 把房子卖给了 B。)

b. × AさんがBさんに売った。

(A 卖给了 B。)

c. × AさんがBさんを売った。

(A 卖了 B。)

(5) a. Aさんが1千万円で家を売った。

(A 以 1 千万日元把房子卖了。)

b. × Aさんが1千万円で売った。

(A 以 1 千万日元卖了。)

(6) AさんがBさんに1千万円で家を売った。

(A 以 1 千万日元把房子卖给了 B。)

从上述例(3)至例(6)可以看出,「売る」(卖)的主体当然是"卖方",如「Aさんが」所示,它由格助词「が」表示。「売る」(卖)的对象是"物品",如例(3)的「家」(房子),由格助词「を」表示。也就是说,动词「売る」(卖)的焦点是"卖方"和"物品"。进一步讲,「売る」(卖)关注"物品的所有权离开卖方",即上述"商业交易框架"的构成要素间关系①中的"物品(的所有权):卖方→"这一部分。

另外,如例(4)a 中的「Bさんに」(给 B)所示,「売る」(卖)也可以用「に」来表示"买方",但(非特殊情况下)不能省略「家を」(把房子),如(4)b。也不能用「Bさんを」来表示"买方",如

(4)c。此外,如(5)a中的「1千万円で」(以1千万日元)所示,可以用「で」来表示"钱",但在这种情况下也不能省略「家を」(把房子),如(5)b。如果想用动词「売る」(卖)将"卖方""买方""物品"和"钱"等所有内容都表达出来,则要使用如例(6)这样的句子。

我们再来看「買う」(买)。

(7) Aさんが家を買った。

　　(A买了套房子。)

(8) a. AさんがBさんから家を買った。

　　(A从B那里买了套房子。)

　b. × AさんがBさんから買った。

　　(A从B那里买了。)

　c. × AさんがBさんを買った。

　　(A买了B。)

(9) a. Aさんが1千万円で家を買った。

　　(A用1千万日元买了套房子。)

　b. × Aさんが1千万円で買った。

　　(A用1千万日元买了。)

(10) AさんがBさんから1千万円で家を買った。

　　(A用1千万日元从B那里买了套房子。)

首先,「買う」(买)的主体当然是"买方",它由格助词「が」来表示。「買う」(买)的对象是"物品",如例(7)的「家」(房子),由格助词「を」表示。也就是说,动词「買う」(买)聚焦于"买方"和"物品",关注"物品的所有权转移到买方",即上述"商业交易框架"的构成要素间关系①中的"物品(的所有权)→买方"这一部分。

另外,如例(8)a中的「Bさんから」(从B)所示,「買う」(买)也可以用「から」表示"卖方",但这时不能省略「家を」(把房子),如(8)b。也不能用「を」表示"卖方",如(8)c。如(9)a中的「1千万円で」(用1千万日元)所示,可以用「で」表示"钱",但这种情况下也不能省略「家を」(把房子),如(9)b。若要用动词「買う」(买)将"卖方""买方""物品"和"钱"等所有内容都表达出来,则需使用例(10)这样的表达方式。

接下来是「(支)払う」([支]付)。

(11) Aさんが(家の)代金を(支)払った。

(A[支]付了[房]款。)

(12) a. AさんがBさんに(家の)代金を(支)払った。

(A向B[支]付了[房]款。)

b. × AさんがBさんに(支)払った。

(A向B[支]付了。)

c. × AさんがBさんを（支）払った。

　　（A[支]付了 B。）

　　首先,「（支）払う」([支]付)的主体当然是"买方",它由格助词「が」表示。如例(11)所示,「（支）払う」([支]付)的客体(对象)是「お金（＝代金）」(钱[＝货款]),由格助词「を」表示。也就是说,动词「（支）払う」([支]付)聚焦于"买方"和"钱",关注"钱的所有权离开买方",即上述"商业交易框架"的构成要素间关系②中的"钱(的所有权):买方→"这一部分。

　　另外,如例(12)a 中的「Bさんに」(向 B)所示,「（支）払う」([支]付)也可以用「に」来表示"卖方",但这时不能省略「代金を」(把款),如(12)b。另外也不能用「を」表示"卖方",如(12)c。

　　以上内容可以总结如下:

(13)「売る」(卖):焦点要素:"卖方""物品"

　　　　　　焦点要素间关系:物品(的所有权):卖方→

　　「買う」(买):焦点要素:"买方""物品"

　　　　　　焦点要素间关系:物品(的所有权):→买方

　　「(支)払う」([支]付):焦点要素:"买方""钱"

　　　　　　焦点要素间关系:钱(的所有权):买方→

如上所述，我们可以基于"商业交易"框架，通过框架内要素和要素间关系的焦点差异，来理解「売る」（卖）、「買う」（买）和「（支）払う」（[支]付）这三个动词之间的差异。而且，当我们说「Aさんが家を売った」（A把房子卖了）时，这句话的焦点，即用语言表达形式明确地表示出来的虽然只有"卖方"和"物品"，但由于我们具备"商业交易"框架知识，所以能够理解其中还含有"买方"和"钱（＝支付的货款）"。

11.4 框架的作用（2）

接下来，让我们探讨一下「楽団（＝オーケストラなど）の演奏」（乐团[＝管弦乐团等]演奏）这一框架。这一框架至少包括以下构成要素和构成要素间关系。

(14) "乐团演奏"框架
构成要素："乐团""指挥（者）""指挥（行为）""乐曲""演奏""演奏会场"
构成要素间关系：在"演奏会场"，"乐团"在"指挥（者）"的"指挥（行为）"下"演奏""乐曲"

下面，让我们来看看包含动词「指揮する」（指挥）一词的一组例句。例句均为实例，摘自『カラヤンとフルトヴェングラー』（《卡拉扬和富特文格勒》）（中川右介著、幻冬舎新書）一书。

(15) ベルリン・フィルを指揮した。（p.49）

（指挥了柏林爱乐乐团。）

(16) ウィーンで交響楽団のコンサートを指揮する。（p.207）

（在维也纳指挥交响乐团音乐会。）

(17) 《トリスタンとイゾルデ》を指揮した。（p.138）

（指挥了《特里斯坦与伊索尔德》。）

(18) ベルリン州立歌劇場を指揮した。（pp.49‐50）

（指挥了柏林国家歌剧院。）

这组例句的有趣之处在于，「～を指揮する」（指挥～）中的"～"这个位置可以出现"乐团演奏"框架中的不同要素："乐团"（柏林爱乐乐团）、"演奏（会）"（音乐会）、"乐曲"（《特里斯坦与伊索尔德》）和"演奏会场"（柏林国家歌剧院）。大致来说，出现在「～を＋动词」中"～"处的要素是动词直接作用的对象。因此，虽然都是「～を指揮する」（指挥～）这一句式，但在例(15)至(18)中，「指揮する」（指挥）直接作用的对象是框架中的不同要素。也就是说，作为"指挥"的对象不同的要素被焦点化了。

需要补充的是，作为"指挥"的对象，即便从"乐团演奏"框架的角度来看，例(15)中的"乐团"也是最容易理解的。如例(16)所示，"乐团"的"演奏（会）"也可以视为"指挥（者）"直接控制的对象。再就是例(17)的"乐曲",可以看作是"指挥(者)"诠释的对象,即智力活动的对象,"指挥(者)"就是根据自己的诠释来"指挥""乐团"的。而例(18)的"演奏会场",若说它是"指挥(行为)"的对象,可能有人会质疑。然而,若是一个(如"柏林国家歌剧院"这般)历史上著名的"演奏会场"(歌剧院),在那里"指挥(行为)"对一个"指挥(者)"来说是极高的荣誉,那么,将其视为"指挥(行为)"的直接对象而非单纯的"演奏会场"便无不妥。另外,例(18)中的「ベルリン州立歌劇場」(柏林国家歌剧院)一词也可以解释为借助转喻手法表示"柏林国家歌剧院的专属乐团"。

如上所述,当同一动词「指揮する」(指挥)搭配多种对象时,我们可以通过设定"乐团演奏"框架来进行统一的解释。另外,「カラヤンがベルリン・フィルを指揮した」(卡拉扬指挥了柏林爱乐乐团)这个句子中,虽然只指明了「指揮者」(指挥[者])、「楽団」(乐团)「指揮(という行為)」(指挥[行为]),但是基于"乐团演奏"框架的知识,我们还可以知道(柏林爱乐乐团)在某个"演奏会场""演奏"了某首"乐曲"。

11.5　框架和转喻

第6讲中讲过的转喻也可以从框架的角度进行解释,在本讲的最后,我们来简单地说明一下这一点。在第6讲中,我们曾讲到「(お)手洗い」(洗手[间])一词之所以可以用来表示〈大小便

(的处所)〉,是因为〈大小便〉和〈洗手〉在时间上是前后连续的。在此,基于前面提到的"厕所"框架(进厕所→排泄→洗手→出厕所),我们来重新思考一下。「(お)手洗い」(洗手[间])之所以可以用来表示〈大小便〉,是因为在"厕所"框架中,焦点由"洗手"转移到了"排泄"上。换言之,基于两个事件时间上的连续性的转喻,可以被重新解释为聚焦框架内不同要素的机制,这个框架的要素不仅包括上述两个事件,还包括其他事件,它们作为一个整体构成某种结构或一个统一体。

「言うことを聞く」(听话)这个说法,也可以解释为框架中的焦点转移,该框架为"按指令行事"框架,包括"听取指令等话语→理解话语内容→按照话语内容行动"等内容。

第11讲小结

1. 框架是通过概括日常经验获得的、整合了多种要素的知识结构。

2. 框架和意象图式都是通过概括日常生活中的个别经验获得的。二者的区别在于,意象图式是我们在与周围世界进行基本的身体互动过程中形成的高度抽象的图式,而框架是通过社会性活动获得的、更为个别的、复杂的知识结构。

3. 框架和基体有时会重合。以社会性活动为基础,具有一定复杂性的基体也可以视为框架。

4. 我们可以通过设定恰当的框架,从框架要素或要素间关系的焦点差异来厘清相关词语之间的差异。

5. 转喻可以重新解释为聚焦框架内不同要素的认知机制。

· 思考题 ·

1. 请思考,「Aさんはその骨董品に100万円をつぎ込んだ」(A为买那件古董花了100万日元)这句话的焦点是"商业交易"框架中的哪些要素和要素间的关系?

2. 回顾自己的日常生活,从中找出一个"框架",并思考它对语言表达发挥着怎样的作用。

第 12 讲 百科知识语义

> **要点**
> - 词的"百科知识语义"是该词(可能)唤起的知识的总和。
> - 词的"百科知识语义"还需包括"规约性""概括性""内在性"不充分的语义。

12.1 引言

前面我们介绍了认知域、基体、意象图式、框架等概念,它们都可以概括为准确地理解语义时所必需的基础或背景。而且,它们都具有这样的性质:都是关于人类置身的世界乃至社会文化的知识(的模式)。由此可知,语言表达的语义与我们所具备的关于世界(事物)的知识是密不可分的。从这个角度来看,将词(等语言表达)的语义广义地理解为"该词(可能)唤起的知识的总和"才更为合理。我们将这种语义称为**百科知识语义**(百科事典的意味,encyclopedic meaning)。之所以称为百科知识语义,是因为这种语义较之传统的"词典"释义,更接近于"百科全书"中所记载的内容。

百科知识语义至少包括如下内容:首先,若该词在(现实)世界中存在**所指事物**(的集合),则百科知识语义为所指事物具有的各种特征。例如,「バナナ」(香蕉)一词的百科知识语义包括该词所指事物(的集合)的各种特征,因此,〈黄颜色〉〈特有的弯曲形状〉〈可食用〉这些也都是「バナナ」(香蕉)百科知识语义的一部分。其次,百科知识语义还包括由该词(可能)**联想**到的各种事件。当然,其中包含构成该词基础的背景知识,如基体和框架等。

词的百科知识语义,即"该词(可能)唤起的知识的总和",其构成要素形成由中心地位到边缘地位的梯度等级。换言之,从某种角度来看,各要素的重要程度不同。然而,即便是边缘要素,它也会在某种语言表达中发挥着重要作用。

12.2 百科知识语义和规约性

在构成百科知识语义的各种要素当中,有的处于中心地位,有的处于边缘地位。对此,我们首先从**规约性**(慣習性)的角度加以探讨。规约性指百科知识语义的构成要素在语言共同体内的普及程度,亦即为多少人所知。之所以需从规约性的角度进行探讨,是因为即便母语相同,也可能由于经验不同等原因,使得词的百科知识语义——"该词(可能)唤起的知识的总和"相去甚远。换言之,由该词唤起的知识,有些为语言共同体内大多数人所共有,有些则只存在于少数人的头脑之中。显然，在百科知识语义的构成要素中，为大多数人所知的要素，即规约性高的要素更为重要。

我们来看一些例子。「煮詰まる」是有多个义项的多义词。在这些义项中，〈水分变少〉义为大多数人所知，其规约性高。该词还有两个义项：〈接近完成〉和〈走到尽头〉，前者如「ようやく計画が煮詰まってきた」（计划终于要制定好了），后者如「煮詰まっちゃってこれ以上アイディアが出ない」（我已绞尽脑汁，再也想不出别的主意了）。而在当今的日本，相当多的人只知其一，不知其二。也就是说，与〈水分变少〉义相比，〈接近完成〉义和〈走到尽头〉义的规约性都较低。年龄较大的人多使用〈接近完成〉义，而使用〈走到尽头〉义的则以年轻人为主。

一个词所产生的新义在语言共同体中逐渐固定下来的过程，是规约性程度不断提高的过程。例如，「おいしい」一词的〈合算〉义——如「おいしいバイト」（合算的兼职工作），「さむい」一词的〈搞笑段子让人觉得无聊〉义，「やばい」一词的〈厉害/很棒〉这种正面评价的语义，都是近年来规约性不断提高，为相当多的人所知晓的语义。

12.3　百科知识语义和概括性

下面从**概括性**（一般性）的角度来看一下百科知识语义的构成要素。概括性指百科知识语义的构成要素适用于该词所指对象

(=范畴)成员的程度。在此,我们将着重阐述,需将概括性不充分的语义看作百科知识语义的一部分。概括性程度不充分的语义是仅适用于该词所指范畴的部分成员的语义。

在范畴的部分成员(即子范畴)中,应该特别关注的是,在第3讲中提到的**原型**(プロトタイプ)=典型成员(典型例)、**理想成员**(理想例)和**刻板印象成员**(ステレオタイプ)。在此,让我们重新总结如下:

> (1) 原型(典型成员):某范畴中,数量众多,且易于想起的一组成员(子范畴)。
> 理想成员:某范畴中,(从某种观点来看)具有(一组)理想特征的一组成员(子范畴)。
> 刻板印象成员:某范畴的一组成员(子范畴),它们的特征在无充分依据的情况下被普遍认为适用于该范畴的所有成员。

下面来看几个具体的例子(另见第3讲)。首先是"原型"。若让你画一条"鱼",你会怎样画呢?大多数人都会画成"鲤鱼"或"竹荚鱼",很少有人会画成"鳗鱼"或"比目鱼"。这是因为我们的大脑中储备着听到"鱼"一词容易想起的形状,即典型"鱼"的形状的相关知识。因此,典型的鱼的形状虽然并不适用于所有的"鱼",但也有必要将其认定为"鱼"的百科知识语义的一部分。

其次是"理想成员"。当棒球队教练对将要上场的替补投手或救援投手(男性)说「男になってこい」(去吧,给大家看看什么是男人)时,这里的「男」(男人)一词,从某种角度看表示的是"男人"的理想成员。也就是说,它表示的是"男人"中具有〈能够在重要场合发挥实力,出色地完成任务〉这一理想特征的人。因此,有必要将只有理想成员才具有的特征也认定为「男」(男人)一词的百科知识语义。另外,为了理解「さすがはお父さん」(不愧是父亲)这句话,须将〈关键时刻可以依靠〉这种只有理想的「お父さん」(父亲)才具备的特征纳入百科知识语义中。

最后是"刻板印象成员"。「お役所仕事」(政府机关的工作)一词包含〈不变通〉〈态度冷漠〉〈效率低下〉等一些负面特征,然而,这些特征并不适用于"政府机关的所有工作",仅适用于刻板印象成员。也就是说,诸如〈不变通〉等一系列特征,在无充分依据的情况下,被普遍认为是"政府机关的所有工作"的特征,但实际上具有这些特征的只是政府机关工作的一部分。因此,即使是只适用于刻板印象成员的一些特征,也有必要纳入百科知识语义之中。

综上所述,我们需将概括性不充分的语义认定为词的百科知识语义的一部分。

12.4 百科知识语义和内在性

接下来,我们从**内在性**(内在性)的角度来看一下百科知识语义的各构成要素。内在性指百科知识语义的构成要素存在于该词所指事物内部的程度,即不涉及外部事物的程度。例如,前面提到过的「バナナ」(香蕉)的特征中,〈黄颜色〉和〈特有的弯曲形状〉完全是"香蕉"的内在特征,而〈食用〉则基于存在于香蕉外部的人类和动物对香蕉实施的动作行为(=吃),因此与颜色和形状相比,其内在性较低。不过,〈食用〉也是香蕉的重要特征之一,因此也有必要将这种内在性不充分的特征纳入词的百科知识语义中。

结合世上存在的大量人工制品的特征来看,这一点便尤为明显。这是因为,人工制品是人类为使用它实现某种功能而制成的,所以,它的使用目的和使用方式等外在性较高的特征起着重要作用。例如,「ホッチキス」(订书机)所具有的〈供人们装订纸张〉这一特征包括订书机的使用主体(人)、人使用订书机这一行为的作用对象(纸张)等订书机的外在事物。很显然,"订书机"一词的语义中若不包含这些特征是不恰当的。

况且,人工制品的形状和构造等内在特征往往取决于人们的使用目的。例如,"订书机"具有特定的形状和构造,正是因为它是〈供人们装订张纸的工具〉。换言之,内在性高的特征有时甚至取决于内在性低(即外在性高)的特征。综上所述,词的百科知识语义不仅包括内在性高的特征,还包括内在性低的特征(另见第8讲的"身体对对象的作用")。

12.5　百科知识语义和隐喻

词的百科知识语义需包括概括性不充分的语义,即"原型""理想成员""刻板印象成员"的语义,这一点也可以在隐喻表达中得到印证(关于"隐喻",参见第5讲)。换言之,有些隐喻必须将概括性不充分的语义认定为构成原义的要素,才能使基于隐喻的语义(与原义的关系)得以合理的解释。下面,我们依次来看一下"原型""理想成员""刻板印象成员"与隐喻的关系。

在第3讲中,我们曾探讨过,「生まれ変わったら鳥になりたい」(要是有来生,[我]想做一只鸟)这句话中的「鳥」(鸟)指的不是所有的鸟,而是具有〈会飞〉这一特征的原型鸟。这一点从以下的隐喻例子也可以看出。

(2) **あのジャンパーは鳥だ。**

（那个滑雪跳跃运动员是只鸟。）

这里的「ジャンパー」指滑雪跳跃运动员,当然他(她)是"人",而不是"鸟"。例句中的「鳥」是基于隐喻表示〈能(很大程度上在空中)飞行的人〉。要使这一隐喻义成立,需将〈会飞〉义纳入「鳥」（鸟）的原义中。这个隐喻的例子也表明，「鳥」（鸟）的百科知识语义中需包括原型所具有的〈会飞〉义。

接下来我们看一下基于"理想成员"的隐喻。在第5讲中，我们探讨了「職場の花」（职场丽人/职场的花）等表达中的「花」（花）可以表示〈女性〉，这里的「花」（花）特指〈美丽而引人注目的人〉。在此，作为隐喻基础的「花」（花），其原义（的一部分）中应当包含〈美丽而引人注目（的植物）〉这一特征。而〈美丽而引人注目〉并不适用于所有的「花」（花）。这是因为，花无论是一朵还是一簇，其〈美丽而引人注目〉的程度有高有低。由此可见，「職場の花」（职场丽人/职场的花）等表达中的「花」的语义，是基于〈美丽而引人注目（的程度高）〉这一从美的角度看「花」（花）的理想成员才具备的特征。（另见第3讲中"第四棒击球手"的例子）。

最后来看一下基于"刻板印象成员"的隐喻。

（3）今年の新入社員は<u>子ども</u>ばかりで<u>困る</u>。

（今年的新员工净是<u>些孩子</u>，真<u>让人头疼</u>。）

这个例子中的「子ども」（孩子）一词也是隐喻，它指的是「新入社員」（新员工），即〈成年人〉。那么，这里应该将哪些特征认定为作为隐喻基础的「子ども」（孩子）的原义（的一部分）呢？从例(3)中的「困る」（让人头疼）一词可以看出它是负面特征，我们可以想到的有〈任性〉〈不深思熟虑〉〈不懂礼貌〉等。而且，这些特征并非所有的孩子都具备，只是「子ども」（孩子）这一范畴的刻板印象成员才有。因为人们在没有充分依据的情况下，普遍认为，〈任性〉等特征是「子ども」（孩子）这一范畴的所有成员的共性，但实际上具备这些特征的只是该范畴的部分成员。

综上所述，为了合理解释某种隐喻，我们需将概括性不充分的语义认定为词的百科知识语义的一部分。

第12讲小结

1. 词的百科知识语义是该词（可能）唤起的知识的总和。

2. 词的百科知识语义需包括"规约性"（在语言共同体内的普及程度）不充分的语义。

3. 词的百科知识语义还需包括"概括性"（适用于该词所指事物[＝范畴]成员的程度）不充分的语义。作为具有概括性不充分的语义的范畴成员，"原型""理想成员""刻板印象成员"尤为重要。

4. 词的百科知识语义还须包括"内在性"（内在于该词所指事物的程度）不充分的语义。

5. 为了合理解释某种隐喻，需要将概括性不充分的语义认定为词的百科知识语义的一部分。

· 思考题 ·

1. 请列举具有多个义项且各义项规约性程度不同的语言表达。

2. 下面两个例句中的「トップバッター」(第一棒击球手)和「四番打者」(第四棒击球手)均为隐喻表达。请思考其隐喻义分别基于构成原义的哪些要素,这些要素的"概括性"有何程度差异。请参考第3讲和第5讲中对这两个词的解释。

(1) では、私がトップバッターで一曲歌います。

(我来打头阵/打第一棒献上一曲。)

(2) 彼は将来、我が社の四番打者になれる逸材だ。

(他是个优秀人才,将来会成为我们公司的台柱子/第四棒击球手。)

3. 请思考下面四组词语中,每组的前者不具备后者的哪些概括性高的特征。

紙コップ(纸杯)/コップ(杯子)、青りんご(青苹果)/りんご(苹果)、女社長(女总经理)/社長(总经理)、半ズボン(短裤)/ズボン(裤子)

第13讲 基于使用的模型

> **要点**
> - "基于使用的模型"是指语言习得就是通过从各个语言表达中自下而上地发现各种层级的图式,构建连接各类要素的网络。

13.1 引言

至此,我们从各种角度探讨了认知语言学的观点,即人类具有的各种**认知能力**和**经验**(或经验性学习)作为语言的基础发挥着重要的作用。本讲将探讨**基于使用的模型**(使用依拠モデル,usage-based model)理论,这一理论能够从认知能力和经验的角度对语言现象做统一的把握与解释。"基于使用的模型"又被称为"用法依存模型"或"基于用法的模型"。

"基于使用的模型",顾名思义,就是重视各个场合中的实际语言使用和实际使用(过)的语言表达,强调语言习得就是从各个场合中使用的具体语言表达中自下而上地发现各种层级的图式,构建连接语言各类构成要素的网络。正如在第 1 讲中所述,抽取各个事例之间的共同点称为**概括**(一般化),即抽象化/图式化(抽象化/スキーマ化),从多个事例中概括出的共同点称为**图式**(スキーマ)。进而言之,我们持续使用语言,连接语言要素的网络就会不断地发生变化,当关注这一变化时,"基于使用的模型"还会专门被称作**基于使用的动态模型**(動的使用依拠モデル)。

13.2　词的使用与语义

我们以「のぼる」一词为例,来探讨一下从具体情景中的词语使用依次提取语义图式的过程。

(1) **2 时间も険しい山道をのぼって、ようやく湖が見えてきた。**

([我]爬了两个小时陡峭的山路,终于看到了一个湖。)

(2) **息を切らして坂道をのぼった。**

([我]气喘吁吁地爬上了坡。)

(3) **急な階段を 5 階までのぼると、A 氏の事務所があった。**

(爬上很陡的楼梯,五楼就是 A 某的办公室。)

例句(1)—(3)所描写的当然是各不相同的情况,至少与「のぼる」有关的处所「山道」(山路)、「坂道」(坡道)、「階段」(楼梯)各不相同,它们的表面或许还有「土」(泥土)和「アスファルト」(柏油)的不同。然而,听到这些含有「のぼる」一词的不同句子时,我们不仅可以根据各自的语境加以理解,还可以基于概括的认知能力,依次提取「のぼる」一词在不同句子中的共同语义。例句(1)—(3)中「のぼる」的共同的语义图式如下:

语义①:〈人用脚(走着或跑着)从某处的下方往上方移动〉

在下面的例句(4)和例句(5)当中,「のぼる」的语义与上述语义①并不相同。

(4) **一段一段はしごをのぼって、何とか屋根の上にあがった。**

([我]顺着梯子一节一节往上爬,好不容易爬上了屋顶。)

(5) **木にのぼって、柿の実をとった。**

([我]上树摘了柿子。)

也就是说,「はしごをのぼる」(爬梯子)、「木にのぼる」(上树)时不仅要用"脚",还要用到"手"。虽然「はしごをのぼる」和「木にのぼる」时"手""脚"的使用方法有所不同,不过,忽

略这一差异(进行概括),便可得到如下语义:

语义②:〈人使用手脚从某处的下方往上方移动〉

在此,提取语义①和语义②的共同语义,则可获得如下语义:

语义③:〈人以一己之力从某处的下方往上方移动〉

如例句(6)和例句(7)所示,「のぼる」还可以表示与语义③不同的语义。

(6) **自転車で急な坂道をのぼった。**

([我]骑自行车爬了一个陡坡。)

(7) **車でいろは坂をのぼった。**

([我]开车上了伊吕波山道[1]。)

上述例句中的「のぼる」与语义③的区别在于使用了「自転車」(自行车)或「車」(汽车)。虽然"骑自行车"和"开车"在我们的身体动作和所需能量等方面有所不同,但忽略这些差异便可概括为"使用交通工具"。据此,这里的「のぼる」的语义可以概括如下:

语义④:〈人使用交通工具从某处的下方往上方移动〉

---

[1] 伊吕波山道(いろは坂)是日本栃木县日光市的一条旅游公路,连接日光市区、中禅寺湖与奥日光。山道有48处急转弯道,刚好与"伊吕波歌(以日语假名次序谱写的歌)"的48个字母数一致,因而得此名。

在此,提取语义③和语义④的共同部分,可以得到如下语义(当然,「のぼる」还有其他语义):

语义⑤:〈人从某处的下方往上方移动〉

综上所述,我们以理解各种具体情景中的词义为出发点,基于概括的认知能力,自下而上地依次提取能够解释使用范围更广的语义图式,最后形成一个由语义①至语义⑤等多个图式构成的「のぼる」的语义网络。另外,所提取的各图式在概括性和抽象度上存在差异,上述语义①这一图式只适用于例句(1)—(3)中的「のぼる」,而语义⑤则适用于例句(1)—(7)中的所有「のぼる」(另见下面关于"图式的概括性"的说明)。

13.3 由多个语言表达构成的网络

前面我们对基于图式抽取过程形成词义网络进行了探讨。下面,我们来探讨这一过程与多个语言表达相关的情况,重点探讨「種なしブドウ」(无籽葡萄)、「根なし草」(无根草)、「皮なしウインナー」(无皮香肠)这类「X(名詞)なしY(名詞)」(无 X[名词]Y[名词])结构的合成词。

(8) **種なしブドウ**(无籽葡萄)、**種なしスイカ**(无籽西瓜)、**種なし柿**(无籽柿子)

例(8)这样的词语常见于日常生活中。本讲涉及的词语中有些是作者从网络上收集来的，其中有些鲜有耳闻(有的词语作者也是第一次见到)。不过，基于使用的模型的优势之一是能够将语言共同体内**规约性**(惯习性)程度不同的各种语言表达，作为规约程度不一的说法予以吸收(关于"规约性"，另见第12讲)。例如，「種なしブドウ」(无籽葡萄)的规约性程度较高，亦即为大部分日语母语者所熟知的说法，而「種なし柿」(无籽柿子)则是只有一部分人才使用的说法。

例(8)的三个词语中的「ブドウ」(葡萄)、「スイカ」(西瓜)、「柿」(柿子)都是"水果"，由此可以抽取以下共同语义(图式)：

图式①：［種］［がない］［果物］(［无］［籽］［水果］)

(9) **筋なしアスパラ**(无筋芦笋)、**筋なしインゲン**(无筋芸豆)

例(9)中的「アスパラ」(芦笋)和「インゲン」(芸豆)都是"蔬菜"，由此，例(9)中的两个词语的图式可以抽取如下：

图式②：［筋］［がない］［野菜］(［无］［筋］［蔬菜］)

下面，我们来思考一下图式①和图式②的共同点。"水果"和"蔬菜"可以概括为"食用植物"，而「種」(籽)和「筋」(筋)均为不便于食用的部分，因此，我们可以发现一个二者之间的共同点：

"(食用植物中)通常存在但多余的部分"。由此,我们可以抽取出图式①和图式②的上位图式如下:

图式③:［通常はある、好ましくない部分］［がない］［食用植物］（［无］［通常存在但多余部分的］［食用植物］）

(10) **とげなしバラ**(无刺玫瑰)、**とげなし千両二号ナス**
(无刺千両二号茄子)

此外,例(10)中的「バラ」(玫瑰)是"观赏植物",而「千両二号ナス」(千两二号茄子)则是茄子的一个品种,它属于"食用植物",二者的共同点是"植物"。由此,从例(10)的两个词语中可以抽取如下共同图式:

图式④:［とげ］［がない］［植物］（［无］［刺］［植物］）

在此,我们来思考一下图式③和图式④的共同点。由于"食用植物"是"植物"的一种,而玫瑰等植物的"刺"属"通常存在但多余的部分",因此可以得到如下图式:

图式⑤:［通常はある、好ましくない部分］［がない］［植物］（［无］［通常存在但多余部分的］［植物］）

图式⑤适用于例(8)—(10)中的所有词语。下面的「根なし草」是否也符合图式⑤呢?

(11) **根なし草**(无根草)

「根なし草」(无根草)是指漂浮在水面上的草(=浮萍)，因根部不像普通的草那样长在土中而得名。但对于"草"等"植物"来说，「根」并非是"多余的部分"。这一点从「根なし草」(无根草)用来比喻〈无坚实基础的事物〉也可以看出。因此，要将「根なし草」(无根草)也概括于图式中，需进一步对图式⑤进行如下修改：

图式⑥：[通常はある部分][がない][植物]([无][通常存在的部分的][植物])

从图式⑥可以看出，至此我们探讨的例子都是"植物"，当然，「X（名詞）なしY（名詞）」(无X[名词]Y[名词])这一结构还适用于"植物"以外的词语。

(12) **皮なしウインナー**(无皮香肠)、**皮なしシューマイ**(无皮烧卖)、**皮なしギョーザ**(无皮饺子)
(13) **耳なし（食）パン**(无边[吐司]面包)、**耳なしサンドウィッチ**(无边三明治)

这些例子表示的都是"食物"，而且，「皮」(皮)和「耳」(边)并不(像「種」[籽]、「筋」[筋]、「とげ」[刺]那样)是"多余的

部分"。由此,例(12)和例(13)的共同图式可以概括如下:

图式⑦:［通常はある部分］［がない］［食べ物］(［无］[通常存在的部分的][食物])

图式⑥和图式⑦的共同点在于,"植物"和"食物"均为"物",因此可以将二者归纳为如下图式:

图式⑧:［通常はある部分］［がない］［物］(［无］[通常存在的部分的][物])

这个图式还可以涵盖以下词语:

(14) **縁なし眼鏡**(无框眼镜)、**襟なしシャツ**(无领衬衫)
(15) **底なし沼**(无底沼泽)、**水なし川**(无水河流)

"物"当然不仅包括"植物"和"食物",还包括例(14)中的「眼鏡」(眼镜)或「シャツ」(衬衫)这种人类用于穿戴的东西,例(15)中的「沼」(沼泽)和「川」(河流)也可以视为"(自然界存在的)物"。如上所述,图式⑧适用于例(8)—(15)中的所有词语。

至此,我们较为详细地探讨了「XなしY」(无XY)这个结构的词语。简而言之,「XなしY」(无XY)结构的语义是以各个词语为基础,从中抽取出具有不同概括性的各种图式,并将它们相互连接而形成网络的。

13.4 具体表达与图式的作用

下面我们来探讨一下基于使用模型的各个具体表达与图式的作用。首先,「XなしY」这一结构中的「種なしブドウ」(无籽葡萄)、「根なし草」(无根草)、「底なし沼」(无底沼泽)等这类规约性高的词语,可以说其本身已作为固定的说法储存于我们的大脑记忆之中。不过,我们也知道,这些词语与上述图式①［種］［がない］［果物］(［无］［籽］［水果］)和图式⑧［通常はある部分］［がない］［物］(［无］［通常存在的部分的］［物］)都有关联性,也就是说,它们是这些图示的具体体现(具体事例)。

另一方面,「種なし柿」(无籽柿子)、「筋なしアスパラ」(无筋芦笋)、「皮なしギョーザ」(无皮饺子)等规约性较低的词语,较之规约性较高的词语,对于某些层级的图式的依赖程度更高。例如,近年来出现的「種なし柿」(无籽柿子)这一说法,便是缘于人们将其理解为一个符合图式①［種］［がない］［果物］(［无］［籽］［水果］)的表达。因此,基于上述图式①至图式⑧,将来还可能出现迄今未曾使用过的「XなしY」(无 XY)这一结构的新词语。

接下来,让我们从"概括性"和"能产性"的角度再次思考一下各种图式。首先,概括性程度高的图式是指图式特征描写程度(相对)粗略的图式。例如,比较上述图式①［種］［がない］［果物］（［无］［籽］［水果］）和图式⑧［通常はある部分］［がない］［物］（［无］［通常存在的部分的］［物］），我们会发现"（水果的）籽"是"通常存在的部分"的一种类型，语义更受限制。"水果"和"物"的关系也同样如此，因此，图式⑧比图式①更具概括性。再者说，图式⑧是依次提取图式①至⑦的共同点后（在本节考察范围内）最终获得的图式，其概括性程度自然要高于其他图式。

其次，能产性高的图式是指能够涵盖更多表达、创造出更多表达的图式。如前所述，图式①［種］［がない］［果物］（［无］［籽］［水果］）比图式⑧［通常はある部分］［がない］［物］（［无］［通常存在的部分的］［物］）概括性程度低。但是，倘若图式①适用于几乎所有"通常情况下有籽水果中的无籽品种"，且「種なし〜」（无籽〜）这种类型的词语数量众多的话，那么图式①便是概括性程度低但能产性高的图式。实际上，这种表达并非只表示水果的品种，比如「種なしプルーン」（无核西梅）、「種なし梅」（无核梅）、「種なしオリーブ」（无核橄榄）这些词语均表示加工过程中去除了"籽/核"的水果。

第13讲小结

1. 基于使用的模型认为，习得语言就是从各个场合下使用的具体语言表达中自下而上地发现各种层级的图式，构建连接语言各类构成要素的网络。

2. 我们以理解各种具体情景中的词义为出发点，基于概括的认知能力，自下而上地依次抽取能够解释使用范围更广的语义图式。

3. 我们可以以各个具体的词语为基础，从多个词语中提取概括性程度不同的各种图式，这些图式相互连接形成语义网络。

4. 图式多种多样，其概括性和能产性程度也各不相同。

・思考题・

1. 如以下例句所示，动词「のぼる」除了本文讨论的语义以外，还有其他语义。首先，请根据这些例子，思考一下「のぼる」的新语义，然后概括语义，使其能将上述语义⑤（"人从某处的下方往上方移动"）和新语义涵盖在内。

（1）太陽がのぼった。

（太阳升起来了。）

（2）煙突から煙が（たち）のぼっている。

（从烟囱里升起袅袅青烟。）

2. 请列举具有同一结构的一组语言表达，并从中依次抽取图式，思考其整体的语义网络。

第14讲 认知语言学的定位

> **要点**
> - 认知语言学重视一般的认知能力,而生成语法则假设存在与生俱来的、语言特有的能力。
> - 认知语言学的语义观不同于生成语法和真值条件语义学,但与义位说和生成词汇学的特征结构有共同之处。

14.1 引言

前面,我们基于日语的具体例子,从多个角度阐述了认知语言学的基本观点和概念。当然,认知语言学并非突然出现的与其他研究领域毫不相干的一个领域。因此,在本书的最后一讲,我们将探讨认知语言学与其他学科领域或研究理论之间的关系,思考认知语言学的定位。在下文中,我们首先讨论心理学的研究对认知语言学(的成立)所产生的影响。然后,探讨认知语言学与**生成语法**(生成文法,generative grammar)等其他主要语言学理论的区别。进而，围绕对语言意义的看法，即**语义观**（意味観），阐述认知语言学与其他几种语言理论之间的异同。最后，思考将认知语言学看作**认知科学**（認知科学，cognitive science）的一个分支时，它将有望做出怎样的贡献。

14.2 对心理学的继承

通过本书中的各种具体例子，我们了解到，认知语言学重视我们所具备的各种一般性认知能力。其中有一些认知能力在认知语言学尚未出现之前，早在心理学研究（格式塔心理学、认知心理学等）中就已经提出。换言之，心理学的某些研究是认知语言学基础的一部分。下面我们来介绍一下**格式塔**（ゲシュタルト，Gestalt）[1]和**图形**（図，figure）与**背景**（地，ground）这两个概念。

首先来看一下格式塔。若问下面图 5 画的是什么，想必很多人会回答说是一条"虚线"。

图 5

---

[1] "格式塔"是对德文 Gestalt 的音译，表示统一的、具有意义的整体。格式塔在我国又被译为"完形"。

构成图5的要素只不过是许多的"点"而已,但我们习惯将这些点连接起来,理解为一条"线(＝虚线)"。将多个要素感知为一个具有某种意义的整体,这种感知方式称为**格式塔感知**(ゲシュタルト知覚),而这一整体则是"格式塔"。因此,格式塔的特点是整体的价值大于构成整体的各部分的价值总和。换言之,上述"虚线"格式塔的价值大于"(离散的)多个点"这一构成要素的价值总和。

这种格式塔感知为本书中提及的某种语言表达提供了理据。例如,在第2讲中,我们探讨了「花束」(花束)、「焼き鳥」(烤鸡肉串)、「酒飲み/湯飲み」(爱喝酒的人/茶杯)等合成词的语义超过了其构成要素的语义总和。这些合成词就是一个个的格式塔,其词义无法从构成要素的语义总和中推导得出。

接下来看一下"图形与背景"。当我们观察一个由多个部分组成的事物时,有时会感觉到其中某一部分格外醒目、凸显。例如,看到日本国旗"太阳"旗时,"中心部分的红色圆圈"尤为引人注目。这种给人感觉特别凸显、重要的部分称为"图形",而像"太阳"旗中的"白色部分"那样,构成"图形"背景的部分则称为"背景"。就"太阳"旗这类事物而言,其自身的性质在很大程度上决定了我们的感知结果,即哪部分是"图形",哪部分是"背景"。

我们再来看一看被称作"鲁宾杯"的图案。

图 6　鲁宾杯

该图既可以关注中间的白色部分,看作一个"酒杯",又可以关注两边的黑色部分,理解为"相对的两张人脸"(但是,不能同时感知为"酒杯"和"人脸")。换言之,针对同一事物,我们可以主观地关注不同部分,感知不同的"图形"。

这种主观地将某一部分识解为"图形",或反转"图形"和"背景"的认知能力,是第 4 讲中提到的"关注同一事物的不同部分"这一认知能力的基础。此外,第 9 讲中提到的"基体"和"侧面"分别相当于"背景"和"图形"。

如上所述,心理学中对感知与认知的研究构成了认知语言学的基础。

14.3　认知语言学与生成语法

我们再来看一看认知语言学与生成语法的基本区别。生成语法自 20 世纪 50 年代至今,作为语言学的主要理论之一具有重大的影响力。二者的主要区别之一在于对人类掌握和使用语言的能力所进行的假设。

前面我们已反复提到过,认知语言学重视并非语言特有的一般认知能力(但并非全面否定存在语言特有的能力和知识)。本书讨论的一般认知能力包括:"比较""概括""关联"(第 1 讲)、"对同一事物进行不同识解"(第 4 讲)、"通过其他事物(＝源域)理解某一对象事物(＝目标域),即概念隐喻"(第 5 讲)、"参照点能力"(第 6 讲)等。

与此不同,生成语法的立场一言以蔽之,就是承认存在语言特有的能力和知识。具体而言,每个人都天生具备某种知识,能够使语言习得成为可能。这种知识称为**语言获得装置**(言語獲得装置,language acquisition device)或**普遍语法**(普遍文法,universal grammar),而人类与生俱来地具备这种知识,我们称之为**语言的先天性**(言語の生得性)。生成语法还认为,人类出生后接触了某种语言,如日语或英语等,便会在语言获得装置的引导下,短时间内掌握熟练运用该语言的能力。这种熟练运用个别语言的能力称为**语言能力**(言語能力,linguistic competence)。这一语言能力使

得人们可以直接凭语感判断句子是否正确,并且能够只输出正确的句子。事实也确如此,比如,日语母语者能够凭语感判断「地面が揺れるのを感じた」(感觉到了地面摇晃)这句话没有问题,而「地面が揺れることを感じた」这句话就不自然。

我们具备"只输出正确的句子"的母语语言能力,对此观点有些人可能并不赞成。这是因为,我们说母语的时候,说错或话说半截的情况并不少见。生成语法认为,表达错误等现象并非语言能力的问题,而是说话者在**语言运用**(言語運用,linguistic performance)时出现疲劳或精神不集中等语言能力以外的原因所致。换言之,生成语法在严格区别语言能力和语言运用的基础上,将语言能力视为研究对象,并以揭示"语言获得装置/普遍语法"为研究目标。

认知语言学重视一般的认知能力,而生成语法则认为存在语言特有的能力和知识,这一立场的不同进而导致两者产生了更为本质性的区别:认知语言学认为,人类的认知能力与猿类等其他动物的能力具有连续性。而生成语法中关于"语言的先天性"的假说则认为语言获得装置是人类所特有的。进一步而言,生成语法认为,只有人类拥有语言获得装置,这是区别人类和其他动物的重要指标。

接下来,我们来看一下认知语言学和生成语法对经验作用所持的不同观点。正如本书前面已经详细讨论过的那样,认知语言学认为,基于身体的经验在语言的习得和使用中发挥着重要的作用。我们着重从这一角度讨论了"合成词的语义""词语搭配的知识"(第2讲)、"基于身体的概念形成和语言习得"(第8讲)、"意象图式的形成"(第10讲)、"框架的知识"(第11讲),"基于使用的模型"(第13讲)等问题。

然而,生成语法比起经验更重视人类与生俱来的"语言获得装置/普遍语法"。当然,生成语法也认为,要习得日语、英语等个别语言,即要掌握该语言的语言能力,就需要接触该语言并在使用该语言的社会环境中成长这样的经验。虽说如此,生成语法认为最为重要的还是"语言获得装置/普遍语法",正因为它是与生俱来的,所以任何人都能够轻而易举地在短时间内习得语言。

以上,我们探讨了认知语言学与生成语法的区别。

14.4　认知语言学语义观的定位

通过阅读本书可以了解到,认知语言学重视认知能力和经验。这一立场使得尤其与语言"意义"相关的各种有趣现象被纳入研究视野,认知语言学诞生以来,语义研究取得了长足的发展。

生成语法以研究句子结构(＝句法学)为主,致力于揭示合乎语法的句子的生成机制,而对比喻(如隐喻、转喻等)或基于不同识解方式的语义差异等与语义相关的现象并未给予足够的关注。不过,在生成语法领域中,自1960年代末到1970年代初开展研究的**生成语义学**(生成意味論,generative semantics)则采取了重视语义的立场,它与认知语言学有相通之处。另外,**真值条件语义学**(真理条件意味論),顾名思义,是研究语义的理论,但因它将语言表达的意义基础归为外部世界(简单说来,认为语言表达的意义是反映外部世界事物的产物),从而主张描述同一事物的多个语言表达的意义是相同的。因此,对同一事物的不同识解方式所产生的语义差异不在其研究范围之内。

在第12讲中,我们探讨了"百科知识语义",它将词义视为"该词(可能)唤起的知识的总和"。而在认知语言学诞生之前及其他理论中,也可以找到与这一观点相似的词义理解方式。

首先,来看国广哲弥的**义位说**(意義素論)。义位说将语义现象理解为心理现象,并将义位外缘的不确定性视为语言的本来面貌,在这些方面义位说是认知语言学的先驱性研究。此外,义位还将含规约性程度(即在语言共同体内的普及程度)不充分的特征(关于"规约性",参照第12讲)也涵盖在内,这一点与百科知识语义观存在共同之处。下面,我们来具体看一下。

首先,义位被定义为"单词的意义",构成义位的特征可以分为以下三种类型,每种特征又可以进一步细分为括号内所示的特征。

(1) a. 语法特征(词性特征/句法特征)
    b. 语义特征(前提特征/本来特征)
    c. 内涵特征(语体特征/情感特征/文化特征)

从这些特征(下位类为七种)的"规约性(＝固定程度)"来看，第一个即"词性特征"最高，依次递减，"文化特征"的个体差异最为悬殊。下面，我们简单看一下文化特征。文化特征采取联想的方式，它与百科知识语义，即"该词(可能)唤起的知识的总和"存在相通之处。我们来看一个文化特征的例子，例如从「ススキ」(芒草)可以联想到"秋季的凄凉"，但并非所有人都会这样联想，可以说这一百科知识语义存在个体差异，其规约性不充分。换言之，即便规约性不充分的特征，倘若(从文化的角度来看)某方面值得关注，就会包含在义位之中。

综上所述，义位说是与认知语言学，尤其是与百科知识语义观具有共同点的先驱性研究。

接下来，我们来看一看**生成词汇学**(生成語彙論，Generative Lexicon)中**特征**(クオリア，qualia)结构的概念。生成词汇学的基本语言观和语义观的目标之一是阐释语义组合生成的机制，这一点与重视格式塔的认知语言学有着不相容的一面。但是，正如下文所述，就特征结构而言，又与认知语言学的百科知识语义观存在相同的一面。特别是，词的语义中包括内在性(＝存在于该词所指事物内部的程度)不充分的特征，这一点与百科知识语义相同。

特征结构的基本观点是主张将事物所具有的多方面信息积极地纳入词义当中。很显然，这一观点本身与百科知识语义观方向性相同。特征结构可分为以下四种类型：

(2) 结构特征：物体与其构成部分之间的关系
形式特征：一个物体区别于其他物体的关系
目的特征：物体的目的和功能
主体特征：物体的来源和产生的相关因素

在此，仅就"目的特征"做简要说明。目的特征指某物用于何处的相关信息，即某物被赋予的目的和功能。例如，「小说」（小说）和「辞書」（词典）的区别可以解释为目的特征的不同：前者是〈用来享受阅读〉，而后者是〈用来查阅词语〉。从这个例子可以看出，目的特征包含了内在性不充分的特征。毋庸赘言，这是因为，「小说」（小说）的"阅读"行为和「辞書」（词典）的"查阅"行为都是存在于「小说」（小说）和「辞書」（词典）外部的人类行为。

如上所述，特征结构对词义的看法与百科知识语义观存在共同之处。

14.5　认知语言学是认知科学的一个分支

"认知科学"是以人类及其他动物的心智为研究对象的跨学科研究领域。认知科学对心智的研究涉及广泛，包括思维、情感、记忆、学习等等。认知语言学是认知科学的一个分支，它将人类的

"(认)知"广泛地纳入视野的同时,特别聚焦于语言方面。从这个角度来看,不仅是心理学和认知科学的研究成果可以应用于语言研究,语言研究也有望为揭示一般认知能力做出贡献。顺着这样的思路,发掘解释某些语言现象所需的认知能力,并验证它是否也是广泛适用于语言以外的心智活动所必需的认知能力,应该为未来认知语言学的研究路径。

第14讲小结

1. 认知语言学继承了心理学的"格式塔"理论和"图形与背景"理论。

2. 认知语言学重视并非语言特有的一般认知能力,而生成语法则假设存在与生俱来的、语言特有的能力,即"语言获得装置/普遍语法"。认知语言学认为,基于身体的经验在语言的习得和使用中发挥着重要的作用,而生成语法则比起经验更重视"语言获得装置/普遍语法"。

3. 认知语言学的语义观,不同于生成语法和真值条件语义学,但与义位说和生成词汇学的特征构造有共同之处。

4. 认知语言学作为认知科学的一个分支,有望通过语言的研究为揭示一般认知能力做出贡献。

· 思考题 ·

1. 请从"图形-背景反转"的角度,思考以下两个句子的差异,并思考能够从"图形-背景反转"的角度进行解释的其他语言表达。

　　(1) 郵便局のとなりにスーパーがある。

　　　　(邮局旁边有一家超市。)

　　(2) スーパーのとなりに郵便局がある。

　　　　(超市旁边有一个邮局。)

2. 请阅读以下文献,梳理认知语言学的语义观与"义位说""特征构造"的语义观的异同点。

　　(1) 国広哲弥(1982)『意味論の方法』(语义学的方法)、「第2章　意義素」(第2章 义位)、大修館書店

　　(2) 小野尚之(2008)「クオリア構造入門」(特征结构入门)、影山太郎（編）『レキシコンフォーラム』(词汇论坛)No.4、pp.265-290、ひつじ書房

思考题提示

第 1 讲

1. 除了正文中列举的例子以外,还可以考虑如下情况:"在决定去哪里旅游时,从某个角度对候选地进行比较""比较教室里的几个空座位后,决定坐到哪里"等。

2. 两个例句中的「そば」与正文中提到的「ところ」一样,分别表示〈空间〉和〈时间〉。第一个「武器」表示原义,即〈战斗中(比赤手空拳更能)发挥威力的工具〉,第二个「武器」则表示〈做事时发挥威力的能力和手段〉。第一个「罠」表示〈用来诱捕动物的隐蔽装置〉,第二个表示〈用来诱骗他人,使其遭遇不幸的密谋〉。

3.「Aさんは満面に笑みを浮かべていた」(A 满面笑容)这句话直接描写了 A 的表情,而「Aさんは本当にうれしそうだった」(A 看起来很高兴)这句话则叙述了看到 A 的表情后,对产生这一表情的心理进行推断的结果。

第 2 讲

1.「通学途中での<u>買い食い</u>は、校則で禁止されている」

(学校规定禁止上学路上[孩子自己]买零食吃),从这个例句也可以看出,「買い食い」并不单纯地表示「買って食うこと」(买了吃)这一行为,而是表示更为限定的语义。「お手ふき」(手巾)与文中提到的「物入れ」(装东西的物品[或处所])一样也是"物品"。而且,并非所有可以用来擦手的物品都称为「お手ふき」。我们知道,「ポイ捨て」(随手扔[东西])这个词,其"扔的物品"在某种程度上是特定的(如烟头、果皮、易拉罐等垃圾)。

2. 相关例子有许多,如,「気が短い/長い」(性子急/性子慢)、「気が多い」(多情)、「気を抜く」(松懈)、「気を回す」(多心)等。请再列举其他的例子。

3. 「毎週日曜日には教会に行く」(每周日去教堂),这句话通常还包括到达教堂后「礼拝に出席する」(参加礼拜)的行为。

第3讲

1. 在具备某种特征的人的范畴中,有许多边界不清晰的原型范畴,如「正直者」(诚实的人)、「怠け者」(懒汉)等。而从事某一职业的人的范畴,虽然其边界清晰,但有时候也可以看作原型范畴。如,「銀行員」(银行职员)这一范畴虽然边界清晰,但从「あの人はいかにも銀行員らしい」(那人很有银行职员的样子)、「銀行員らしい銀行員」(典型的银行职员)等说法中可以看出,它是一个原型范畴。

2.「あたり」与正文中提到的「ところ」相同。「ささやく」在第一个例句中表示〈小声说话〉,给人直觉便是原型义。而第二个「ささやく」以被动态「ささやかれる」的形式用来表示〈被议论〉,这一语义只能用于被动形式。

第4讲

1.「あげる」和「くれる」均用于「XがYにAをあげる/くれる」句式(X＝给予者、Y＝接受者、A＝所有权发生转移的物品)。关键在于,说话者,即句子的发话者与X、Y分别处于何种关系。例如,在「うちの太郎がとなりの花子ちゃんに花をあげた」(我家太郎送给邻居花子一束花)中,说话者是「太郎」的家人,而在「となりの太郎君がうちの花子に花をくれた」(邻居太郎送给我家花子一束花)中,说话者是「花子」的家人。倘若说话者与X、Y均不是亲近的关系,那么该用「あげる」还是「くれる」呢?请对此也进行思考。

2. 主动句与对应的被动句也是这样的一组表达。比如,我们来探讨一下主动句「A国の軍隊が町を破壊した」(A国军队毁坏了[这座]城市)和被动句「町がA国の軍隊によって破壊された」([这座]城市被A国军队毁坏了)。主动句中,施事「A国の軍隊」(A国军队)为主语,被看作事件的主角,而在被动句中,受事「町」(城市)置于主语的位置,成为事件的焦点。

3.「二人」仅仅是对两个人的总括说法，它并不关注两人分别是谁、处于何种关系。而「双方」则表示处于对立等关系的两个人。

第5讲

1. 众所周知，关于天气(变化)，通常「晴れ/晴れる」(晴天/晴)被认为是好天气，而「曇り/曇る」(阴天/阴)、「雨（が降る）」([下]雨)则被认为是坏天气。这一点，从「好天に恵まれた」(天公作美)这句话中的「好天」指「晴れ」(晴天)也可推知。因此，「心が晴れる」表示〈心情(从不好的状态)变好〉，这一隐喻基于它与「晴れる」(晴)存在〈转为好的状态〉这一共同点。不难理解，「暗雲が垂れ込める」(乌云笼罩)与「晴れる」(晴)则相反。「お天気屋」指〈喜怒无常的人〉，这一语义源于日本天气〈善变〉的特征。

2. 与文中提到的「死」(死)一样，与"排泄"相关的行为也应避免直接表达(另见第6讲)，因此，比起「便器」(便器)，说成「朝顔」(牵牛花)更为得体。当「朝顔」表示〈便器〉时，其原义中的〈花卉的一种〉这一语义也被次激活，从而产生委婉的表达效果。

3. 文中提到了与"棒球"有关的隐喻表达，许多与"相扑"有关的语言表达也通过隐喻用于日常生活中。比如，「肩透かしを食

う」(落空)[1]、「首相の発言は勇み足だった」(首相的发言有些操之过急了)[2]、「交渉の土俵に臨む」(出席谈判)[3]、「この分野では、A氏とB氏が東西の両横綱だ」(A和B是这一领域的东西两巨头)[4]等表达已成为日语中固定的用法。

第6讲

1. 与「赤ずきんちゃん」(红头巾)类似的,还有「赤シャツ」(红衬衫)(夏目漱石『坊っちゃん』[哥儿])。此外,戴眼镜的人被称为「メガネ」(眼镜),留胡子的人被称为「ひげ」(胡子),这些也是基于转喻的昵称表达。

2. 下面两个实例均基于转喻表示"足球运动员"的退役。

現役引退を決めたJリーグ、浦和レッズの福田正博(36)が七日、さいたま市内で記者会見を開き、時折涙で言葉をつまらせながら、ピッチを去る思いを語った。(『日本経済新聞』[朝刊]2003年1月8日、日経テレコン21)(决定退役的J联赛浦和红钻队的福田正博[36岁],于7日在埼玉市内召开新闻发布会,几度流泪哽咽,表达了告别球场的心情。)

---

1 「肩透かし」的原义为相扑比赛中的〈闪身〉动作,其结果使对方扑空,然后将其放倒。「肩透かしを食う」整体表达相扑中〈扑空〉的意思。
2 「勇み足」原义为〈因用力过猛使自己的脚先出界导致输掉比赛〉。
3 「土俵」原指〈相扑比赛的场地〉。
4 「横綱」原义为〈最高级别的相扑运动员〉。

横浜FCのJリーグ1部(J1)昇格を置き土産にスパイクを脱いだ。まだやれるのでは。そんな問いに城彰二(31)は笑顔で首を振る。(『日本経済新聞』[朝刊]2006年12月23日、日経テレコン21)(帮助横浜FC足球俱乐部晋级日甲联赛[J1]后,[成彰二]脱下了球鞋[退役了]。应该还可以有所作为呀？面对这样的疑问,成彰二[31岁]微笑着摇了摇头。)

　　3. 正文中提到了「(お)手洗い」(洗手[间])一词基于转喻表示〈厕所〉。「化粧室」(化妆间)也同样是基于转喻的委婉表达,它源于有人在解手之后化妆这一事实。「子どもに手を上げてしまった」([动手]打了孩子)中的「手を上げる」(抬起手)表示〈打〉的意思,这是基于〈抬起手〉和〈打〉两个行为之间存在连续性。另外,当「手を上げる」(抬起手)表示〈打〉时,其原义〈抬起手〉被次激活,从而产生至少比「たたく」(打)委婉的表达效果。

第7讲

　　1.「私たちは徐々に目的地に近づいている」(我们正逐渐接近目的地)描写的是实际的位移,而「目的地が徐々に近づいている」(目的地越来越近了)与正文中提到的「だんだん山が迫ってきた」(山离我们越来越近了)一样,也是基于主观化的表达方式。

　　2.「やっと雨があがった」(雨终于停了)中的「あがる」(上

去)是反事实的假想。即一度落下的雨又返回了天空,也就是说「あがる」(上去)在现实中是不可能发生的事情,在表达时却将「雨がやんだ」(雨停了)理解为"雨又返回了天空"。

第8讲

1. 一根红薯蔓上通常结着多个红薯,所以拔红薯蔓的话,就会一个接一个地收获红薯。

2. 除了正文中列举的例子以外,还有「責任が重い」(责任重)、「物腰がやわらかい」(态度温和)、「心が痛む」(心痛)等表达。请再列举其他的例子。

第9讲

1. 在第一个例句中,「魚」的认知域基础是「生き物」(生物),在第二个例句中是「食べ物/料理」(食物/菜肴),在第三个例句中是「生活の糧」(谋生的物资)。

2.「エンジン」(发动机)、「ハンドル」(方向盘)、「タイヤ」(轮胎)、「シート」(座位)等拥有「自動車」(汽车)这一共同的基体,但是分别指不同的侧面。

3. 在「ましだ」的基体里,两个比较事物「あれ」(那个)和「これ」(这个)均不理想,也就是说,是矮子里面拔将军。而在「(より)いい」的基体里,两个比较事物不受「ましだ」那样的限定。

第 10 讲

1. 与空间有关的表达有：「町の中心（部）」（城市中心[部]）、「道の真ん中」（路中央）、「鉛筆の芯」（铅笔芯）、「大学の周辺」（大学周围）、「町のはずれ」（城市的郊区）等。从「中心人物」（中心人物）、「芯の強い人」（内心坚强的人）、「周辺的な問題」（边缘问题）、「天気予報ははずれだった」（天气预报报错了）等表达可以看出其中存在"将重要事物理解为中心/将不重要的事物理解为边缘"这一概念隐喻。

2. 「乗り出す」本来表示⟨乘船出海⟩,「進んでいく」表示⟨向前方持续移动⟩,「漕ぎつける」本来的意思是⟨乘船到达目的地⟩。也就是说,这三个表达分别表示⟨从起点出发⟩⟨在路径上移动⟩⟨到达终点⟩。而在例句中,「乗り出す」表示⟨开始着手(新事情)⟩,「進んでいく」表示⟨(循序渐进地)继续工作⟩,「漕ぎつける」表示⟨(努力)达成(目标等)⟩。由此可见,存在"通过路径上的位移理解(为了达成目标而)致力于某事"这一概念隐喻。另外,从「乗り出す」表示⟨从起点出发⟩和⟨开始着手⟩、「進んでいく」表示⟨在路径上移动⟩和⟨继续工作⟩、「漕ぎつける」表示⟨到达目的地⟩和⟨达成目标⟩可以看出,这一概念隐喻遵循着不变原则。

第 11 讲

1. 如题中例句所示,动词「つぎ込む」用于「[买方]が[物品]に[钱]をつぎ込む(花掉)」这个句式。因此,这句话的焦点首先是框架内的"买方""物品""钱",其次是构成要素间的关系"钱(的所有权):买方→"和"物品(的所有权):→买方"。

2.「電車を利用してあるところに行く」(坐电车去某地)这一框架由「切符を買う」(买票)→「改札口を通る」(过检票口)→「ホームに行く」(去站台)→「電車に乗る」(上电车)→「電車で移動する」(乘坐电车移动)→「目的地の駅のホームに降りる」(在目的地车站的站台下车)→「改札口を出る」(出检票口)构成。因此,仅说出「(あるところに)電車で行った」(坐电车去了[某地])便可传达这一框架的整个过程。

第 12 讲

1.「痛い」一词,当表示身体感觉时——如「お腹が痛い」(肚子痛)等——其规约性充分,而当有些年轻人用来表示〈看不下去〉〈看着难受〉时——如「あの人、痛い」(那人,看着心疼)等——由于这一语义几乎仅限于年轻人使用,因此其规约性不充分。

2. 例句中「トップバッター」(打头阵/第一棒击球手)的语

义基于该词原义中的〈〈击球顺序〉第一〉这一特征,而例句中「四番打者」(台柱子/第四棒击球手)的语义则源于该词原义中的〈能够代表球队的优秀击球手,有望在击球方面能为球队做出最大贡献〉这一特征。这些特征的"概括性"差异在于,「トップバッター」的〈〈击球顺序〉第一〉这一语义特征符合所有的「トップバッター」(第一棒击球手),而「四番打者」的上述特征,则仅符合理想的「四番打者」(第四棒击球手)。

3. 由于「コップ」(杯子)的〈玻璃制品〉特征概括性高,而〈纸制品〉特征概括性低,因此需特意说成「紙コップ」(纸杯)。反过来讲,正因为「コップ」(杯子)通常是用玻璃制成的,所以没有「ガラスコップ」(玻璃杯子)这种说法。题中其他例子也可做同样解释。

第13讲

1. 正文中提到的「のぼる」,其主体均为〈人〉,而思考题例句中的「太陽」(太阳)是〈一个天体〉,「煙」(烟)是〈物体燃烧时产生的物质〉,因此,此处的「のぼる」,其主体均为〈物〉。另外,「太陽」和「煙」的移动处所均为〈空中〉。由此可见,这两个例句中的「のぼる」表示〈物从空中的下方往上方移动〉。这一语义与文中语义⑤〈人从某处的下方往上方移动〉的共同语义可以归纳为〈人或物从某处的下方往上方移动〉。毋庸置疑,〈空中〉包含于

〈某处〉,〈人或物〉可以进一步归纳为〈移动主体〉。

2. 我们来探讨一下「XからYまで」(从 X 到 Y，XY 均为名词)这一结构的语言表达——如「朝から晩まで」(从早到晚)。从「朝から晩まで」「4月から9月まで」(从 4 月到 9 月)等表达中,我们可以抽取出〈从某时到其后某时之间的整个期间〉这一语义。我们还可以从「頭のてっぺんから足の先まで」(从头顶到脚尖)、「スタート地点からゴールまで」(从起点到终点)等表达中,抽取出〈从一处到另一处之间的整个领域〉这一语义。上述〈时间〉义和〈空间〉义之间的共同语义是〈从一点到另一点之间的整个范围〉。这类表达还有「大人から子どもまで」(从大人到小孩)、「1キロから3キロまで（の荷物の料金）」(从 1 公斤到 3 公斤〔的行李费用〕)等。请再结合其他例子,思考「XからYまで」这一结构的语义网络。

第 14 讲

1.「郵便局のとなりにスーパーがある」(邮局旁边有一家超市)和「スーパーのとなりに郵便局がある」(超市旁边有一个邮局)均表示〈邮局和超市处于相邻位置〉,只是前一个例句关注的是「スーパー」(超市)的位置,表示在「郵便局のとなり」(邮局旁边)。也就是说,「スーパー」(超市)是"图形","郵便局"(邮局)是"背景"。后一个例句中「スーパー」(超市)和「郵便局」

(邮局)关系相反。另外,在第7讲的思考题1中,「私たちは徐々に目的地に近づいている」(我们正逐渐接近目的地)和「目的地が徐々に近づいている」(目的地越来越近了)两个句子,从主观化的角度进行过探讨,在此也可以从"图形和背景的反转"角度进行解释。也就是说,在第一个句子中,「私たち(の移動)」(我们[的位移])是"图形",而在第二个句子中,「目的地(の接近)」(目的地[的接近])是"图形"。

2. 除了正文中提到的异同点以外,首先,认知语言学的语义观和义位说的语义观的共同之处在于:有的特征即便不是区别性特征(=区别于其他词的特征),只要此特征拥有某种程度的规约性,从文化等角度来看,在语言共同体内具有意义,便可以将其认定为该词的语义。二者的不同之处在于:在义位说中,义位原则上独立于具体场景和上下文而存在,而在认知语言学中,从基于使用的模型可以看出,语义对具体场景和上下文的依存程度由高到低,呈现连续性特点。义位也可以认为相当于认知语言学中图式性高的语义。再来看一看认知语言学的语义观和特征结构的语义观。特征结构中,不仅"目的特征","结构特征"和"主体特征"也与词语所指事物的特征有关。词义中包含事物的特征,这一点与认知语言学的百科知识语义观相同。然而,严格地讲,"目的特征"仅限于事物本来的目的和功能,如"刀子"的目的特征中包括"切东西"这一特征,但即便有人将"刀子""当作镇纸使用",也不会包括这一用途。而在认知语言学中,只要有人将"刀子""当作镇纸使用",那么,"刀子"一词便可能唤起"镇纸的用途",认知语言学的语义观将这种用途也包含在"刀子"的语义里。当然,就"刀子"而言,"用来作镇纸"这一特征比起"用来切东西"这一特征,规约性低,处于边缘地位。

后　记

笔者在撰写本书的过程中参考了大量的优秀文献,现将各讲的部分参考文献列举如下。同时,也介绍若干其他文献,以供读者进一步加深理解。

第1讲　认知语言学的观点(1):基本的认知能力

第1讲主要参考了下列文献。

[1] Langacker, R. W. (1987). *Foundations of Cognitive Grammar Vol.1*. Stanford University Press. (兰盖克:《认知语法基础(I)·理论前提》,牛保义等译,北京:北京大学出版社,2014年)

[2] Langacker, R. W. (2008). *Cognitive Grammar: A Basic Introduction*. Oxford University Press. (兰盖克:《认知语法导论》(上下卷),黄蓓译,北京:商务印书馆,2016年)

关于"比较"等认知能力,下列文献中也有阐述。

[3] 山梨正明(2009)『認知構文論』(认知构式学)、大修館

書店

关于多义词「ところ」,更为详尽的分析请参看以下文献。

[4] 籾山洋介(1992)「多義語の分析—空間から時間へ—」(多义词分析——从空间到时间)、カッゲンブッシュ寛子他（編）『日本語研究と日本語教育』(日语研究与日语教育)、pp.185 - 199、名古屋大学出版会

第2讲 认知语言学的观点(2)：重视经验

第2讲也参考了上述文献[1]和文献[2]。有关「連語」（固定短语），请阅读以下文献加深理解。

[5] 国広哲弥(1997)『理想の国語辞典』(理想的国语辞典)、大修館書店

[6] 国広哲弥(2010)『新編日本語誤用・慣用小辞典(新编日语偏误和惯用小辞典)』、講談社現代新書

第3讲 范畴化与原型

下列文献详细阐述了基于原型的范畴化,且有日文译本。

[7] Lakoff, G. (1987). *Women, Fire, and Dangerous Things*. The University of Chicago Press. (池上嘉彦·河上誓作他 [訳] [1993]『認知意味論』、紀伊國屋書店)(乔治·莱考夫:《女人、火与危险事物:范畴显示的心智》,李葆嘉等译,北京:世界图书出版公司,2016年)

[8] Taylor, J. R. (2003). *Linguistic Categorization: Prototypes in Linguistic Theory (Third Edition)*. Oxford University Press. (辻幸夫他（訳）(2008)『認知言語学のための14章』、紀伊國屋書店)(泰勒:《语言的范畴化:语言学理论中的类典型》(英文版),蓝纯导读,北京:外语教学与研究出版社,2001年)

关于多义词的原型义,也可以参看下列文献。

[9] 籾山洋介(1995)「多義語のプロトタイプ的意味の認定の方法と実際—意味転用の一方向性：空間から時間へ—」(多义词原型义的认定方法与实践——语义转化的单向性:从空间到时间)、『東京大学言語学論集(东京大学语言学论集)』14、pp.621-639、東京大学文学部言語学研究室

[10] 松本曜（編）(2003)『認知意味論』(认知语义学)、大修館書店

第 4 讲 对同一事物的不同识解

关于"识解",包括本讲中未提到的内容在内,以下拙著进行了详细的阐述。

[11] 籾山洋介(2009)『日本語表現で学ぶ入門からの認知言語学』(基于日语表达的认知语言学入门)、研究社

以下文献是关于"识解"的先驱性研究,主要从"识解"的角度对英语的近义词进行了有趣的分析。

[12] Langacker, R. W. (1988). A View of Linguistic Semantics. In Rudzka-Ostyn, B. (ed.) *Topics in Cognitive Linguistics*(pp. 49 - 90). John Benjamins.

以下两个文献表明,基于"识解"的分析对英语研究也卓有成效。

[13] 西村義樹(1996)「第 5 章 文法と意味」(第 5 章 语法与语义)池上嘉彦(編)『英語の意味』(英语的语义)(テイクオフ英語学シリーズ3)、pp.71 - 93、大修館書店

［14］池上嘉彦(2006)『英語の感覚・日本語の感覚』（英语的感觉和日语的感觉）(NHKブックス)、日本放送出版協会

第5讲　隐喻

以下文献有助于加深对"隐喻"的理解。

［15］佐藤信夫(1978)『レトリック感覚』、講談社［(1992)講談社学術文庫］(佐藤信夫:《修辞感觉》,肖书文译,重庆:重庆大学出版社,2012年)

［16］瀬戸賢一(1995)『メタファー思考—意味と認識のしくみ』(隐喻思考——语义与认识机制)、講談社現代新書

下列文献是"概念隐喻"的先驱性研究。

［17］Lakoff, G., & Johnson, M.（1980）. *Metaphors We Live By*. The University of Chicago Press. (渡辺昇一他（訳）(1986)『レトリックと人生』、大修館書店)(乔治・莱考夫、马克・约翰逊:《我们赖以生存的隐喻》,何文忠译,杭州:浙江大学出版社,2015年)

下列文献主要以英语为例,对"概念隐喻"进行了详细阐述。

［18］谷口一美(2003)『認知意味論の新展開：メタファーとメトニミー』(认知语义学的新进展：隐喻和转喻)、研究社

关于"次激活",也可参看上述文献[11]和文献[12]。

第6讲 转喻

上述文献[15]也是关于"转喻"的开创性的重要文献。还可以通过以下文献加深对"转喻"的理解。

［19］卷下吉夫・瀬戸賢一(1997)『文化と発想とレトリック』(文化、思维和修辞)(日英語比較選書1)、研究社

［20］西村義樹(2002)「換喩と文法現象」(转喻和语法现象)西村義樹（編）『認知言語学Ⅰ：事象構造』(认知语言学Ⅰ：事件结构)、pp.285-311、東京大学出版会

本讲对"参照点能力"的讲解,参考了下列文献。

［21］Langacker, R. W. (1999). *Grammar and Conceptualization*. Mouton de Gruyter.

第 7 讲 主观化

本讲主要参考了下列文献。

[22] Langacker, R. W. (2006). Subjectification, Grammaticization, and Conceptual Archetypes. In Athanasiadou, A., Canakis, C., and Cornillie, B. (eds.) *Subjectification: Various Paths to Subjectivity* (pp. 17 - 40). Mouton de Gruyter.

关于"主观化",上述文献[10]中也有通俗易懂的讲解。另外,本讲讨论的"反事实的假想"也可看作上述文献[5]中提出的"痕迹表达"(「痕跡表現」)的一种类型。

第 8 讲 新经验主义:身体性

上列文献[7]从多个角度对"新经验主义"进行了详细论述,下列文献对"身体性"进行了饶有趣味的考察。

[23] 山梨正明(2000)『認知言語学原理』(认知语言学原理)、くろしお出版

第9讲　语义与认知域

本讲对"认知域"的讲解参考了上列文献[1]和[2]以及下列文献。

[24] Croft, W., & Cruse, D. A. (2004). *Cognitive Linguistics*. Cambridge University Press.（克罗夫特、克鲁斯:《认知语言学》(英文版),北京:北京大学出版社,2006年）

本讲对「学校」(学校)的讲解,参考了以下文献。

[25] 国広哲弥(1994)「認知的多義論—現象素の提唱」（认知视角下的多义性研究——现象素的提出）、『言語研究』(语言研究)106、pp.22 - 44、日本言語学会

[26] 国広哲弥(1995)「語彙論と辞書学」（词汇学与词典学）、『言語』(语言)24 - 6、pp.38 - 45、大修館書店

第10讲　意象图式

可以通过上述文献[7]和下列文献加深对"意象图式"的理解。

[27] Johnson, M. (1987). *The Body in the Mind: The*

Bodily Basis of Meaning, Imagination, and Reason. The University of Chicago Press. (菅野盾樹・中村雅之（訳）(1991)『心の中の身体』、紀伊國屋書店)

本讲对动词「入る」的讲解，参考了下列文献。

[28] 鷲見幸美(2008)「移動動詞に見る物理的空間の主観的把握—『出る』『入る』『横切る』を例として」(移动动词对物理空间的主观识解—以"出""进""横穿"为例)、『日本語の魅力』(日语的魅力)(言語文化研究叢書7)、pp.81-95、名古屋大学大学院・国際言語文化研究科

第11讲 框架

本讲内容主要参考了上述文献[7]和下列文献。

[29] Fillmore, C. J. (1982). Frame Semantics. In *Linguistics in the Morning Calm* (pp. 111-137). Hanshin Publishing.

本讲对「～を＋动词」的讲解，参考了下列文献。

[30] 定延利之(2006)『日本語不思議図鑑(不可思议的日语图鉴)』、大修館書店

上述文献[20]可以加深对"框架和转喻"的理解。

第12讲 百科知识语义

本讲主要参考了上列文献[1]和下列文献。

[31] Haiman, J. (1980). Dictionaries and Encyclopedias. In *Lingua* (pp. 329–357).

也可参考以下拙文。

[32] 籾山洋介(2009)「百科事典の意味観」(百科知识语义观)、山梨正明他（編）『認知言語学論考』(认知语言学论考) No.9、ひつじ書房

第13讲 基于使用的模型

本讲参考了以下文献。

[33] Langacker, R. W. (2000). A Dynamic Usage-Based

Model. In Barlow, M. and Kemmer, S. (eds.) *Usage-Based Models of Language* (pp. 1 – 63). CSLI Publications.（坪井栄治郎［訳］「動的使用依拠モデル」、坂原茂（編）『認知言語学の発展』、pp.61 – 143、ひつじ書房）

关于"基于使用的模型（基于用法的模型）"，可通过下列文献进一步加深理解。

[34] 早瀬尚子・堀田優子（2005）『認知文法の新展開：カテゴリー化と用法基盤モデル』（认知语法的新进展：范畴化与基于用法的模型）、研究社
[35] 児玉一宏・野澤元（2009）『言語習得と用法基盤モデル』（语言习得与基于用法的模型）、研究社

本讲中对「のぼる」的分析，参考了下列文献。

[36] 柴田武・国広哲弥・長嶋善郎・山田進（1976）『ことばの意味』（词语的意义）1、平凡社選書

第14讲　认知语言学的定位

下列文献[37]对认知语言学在语言学史中的定位进行了通俗

易懂的阐述。若想深入学习,请参看文献[38]。

[37] 池上嘉彦(2010)「1.〈認知言語学〉から〈日本語らしい日本語〉へ向けて」(第1章 从"认知语言学"角度来思考如何教授"纯正的日语")、池上嘉彦・守屋三千代（編著）『自然な日本語を教えるために：認知言語学をふまえて』、pp.2–40、ひつじ書房(池上嘉彦・守屋三千代编著:《如何教授地道的日语:基于认知语言学的视角》,赵蓉等译著,大连:大连理工大学出版社,2015年)

[38] 野村益(2003)「第2章 認知言語学の史的・理論的背景」(第2章 认知语言学的历史背景和理论背景)、辻幸夫（編）『認知言語学への招待』(认知语言学导论)、pp.17–61、大修館書店

关于认知语言学在认知科学中的定位,请参考以下文献。

[39] 辻幸夫(2003)「第1章 認知言語学の輪郭」(第1章 认知语言学概述)、辻幸夫（編）『認知言語学への招待』(认知语言学导论)、pp.3–16、大修館書店

关于认知语言学对生成语义学观点的继承,请参看上列文献

[23]和下列文献。

[40] 山梨正明(2001)「認知科学の身体論的展開—認知言語学のパラダイム」(认知科学的身体论转向——认知语言学的范式)、辻幸夫（編）『ことばの認知科学事典』(语言的认知科学辞典)、p.19-44、大修館書店

关于义位说(思考题中也有涉及),可以通过阅读以下文献加深理解。

[41] 国広哲弥(1982)『意味論の方法』(语义学的方法)、大修館書店

关于"特征结构",下列文献[42]中的阐述通俗易懂,文献[43]对其进行了进一步详细的论述。

[42] 小野尚之(2008)「クオリア構造入門」(特征结构入门)、影山太郎（編）『レキシコンフォーラム』(词汇论坛)No.4、pp.265-290、ひつじ書房
[43] 小野尚之(2005)『生成語彙意味論』(生成词汇语义学)(日英語対照研究シリーズ9)、くろしお出版

至此，尚有许多认知语言学的重要文献未能列出。下面，仅列出一部分使用日语编著的、可以帮助读者广泛而深入理解认知语言学的基本文献和重要文献。

［44］山梨正明（1995）『認知文法論』（认知语法学）、ひつじ書房

［45］杉本孝司（1998）『意味論2—認知意味論』（语义学2——认知语义学）（日英語対照による英語学演習シリーズ6）、くろしお出版

［46］中右実・西村義樹（1998）『構文と事象構造』（构式与事件结构）（日英語比較選書5）、研究社

［47］池上嘉彦（2000）『「日本語論」への招待』（"日语语言学"导论）、講談社

［48］大堀壽夫（2002）『認知言語学』、東京大学出版会（大堀寿夫：《认知语言学》，潘钧等译，北京：商务印书馆，2022年）

［49］辻幸夫（編）（2002）『認知言語学キーワード事典』、研究社[1]

---

[1] 该书于2013年出版修订版，2019年出版中文译本。文献信息如下：辻幸夫（編）（2013）『新編認知言語学キーワード事典』、研究社(辻幸夫编：《新编认知语言学百科》，李占军，周萌译，上海：华东理工大学出版社，2019年)。

[50] 籾山洋介(2002)『認知意味論のしくみ』(认知语义学的机制)、研究社

[51] 大堀俊夫 (編) (2002)『認知言語学Ⅱ:カテゴリー化』(认知语言学Ⅱ:范畴化)、東京大学出版会

[52] 吉村公宏(2004)『はじめての認知言語学』(认知语言学初阶)、研究社

[53] 中村芳久 (編) (2004)『認知文法論Ⅱ』(认知语法学Ⅱ)、大修館書店

[54] 本多啓(2005)『アフォーダンスの認知意味論——生態心理学から見た文法現象』(功能可供性的认知语义学——从生态心理学看语法现象)、東京大学出版会

[55] 谷口一美(2006)『認知言語学』(认知语言学)「学びのエクササイズ」(学习的科学)、ひつじ書房

[56] 籾山洋介(2006)『日本語は人間をどう見ているか』(日语如何看待人类)、研究社

[57] 籾山洋介(2006)「1-8.認知言語学」(1-8.认知语言学)『言語科学の百科事典』(语言科学百科全书)、pp.157-177、丸善株式会社

[58] 楠見孝 (編) (2007)『メタファー研究の最前線』(隐喻研究的最前沿)、ひつじ書房

[59] 深田智・仲本康一郎(2008)『概念化と意味の世界—認

知意味論のアプローチ—』(概念化与语义的世界——认知语义学的方法)、研究社

[60] 森雄一他(編)(2008)『ことばのダイナミズム』(语言的动态性)、くろしお出版

[61] 堀江薫・プラシャント・パルデシ(2009)『言語のタイポロジー——認知類型論のアプローチ』(语言类型学——认知类型学的方法)、研究社

[62] 高橋英光(2010)『言葉のしくみ：認知言語学のはなし』(语言的机制：认知语言学讲义)、北海道大学出版会

[63] 李在鎬(2010)『認知言語学の誘い』(认知语言学的邀请)、開拓社

译后记

本书根据日文版『認知言語学入門』(籾山洋介著,研究社,2020 年第 1 版第 7 次印刷)译出。这是一部基于日语语言事实的认知语言学入门图书,日文版于 2010 年 10 月出版至今,深受日本读者好评,阅读与引用量极高,可谓经典之作。

国内认知语言学相关图书虽层出不穷、群星璀璨,但涉及日语现象的入门书尚不多见。这不利于日语研究、对比研究及类型学研究的开展。原著结合丰富鲜活的日语语言事实,深入浅出地讲解了认知语言学的基本观点,通俗易懂而又不失趣味性,因此十分有必要将其译为中文,推介给中国读者。

原著作者籾山洋介教授是日本著名的语言学家,曾师从日本语言学大家国广哲弥先生,擅长语义学与认知语言学研究,尤精于日语多义词与百科知识语义研究,相关著述颇丰。

译者之一许永兰自 2005 年至 2013 年师从籾山教授,其间研读本书原著,如获至宝。不仅困惑日久的诸多疑团得以释怀,也在自己研究课题方面受到诸多启发。作者对重要概念逐一进行了清晰的界定,厘清了某些易混淆的相近概念,如主观化和隐喻,框架、意象图式和基体等,这也是与同类图书相比难能可贵的一点。当许永兰于2019年表达翻译意向时,籾山教授欣然应允,并对译者就本书原著提出的问题不厌其烦地予以解答。另一名译者吕雷宁是许永兰留学时代的同学,她也是籾山教授的学生,曾于硕士研究生期间选修过1年籾山教授的认知语言学课程,对恩师敬仰有加。回国任教后,本书原著一直伴随其左右,是教授研究生语言学课程的主要教材之一。因此,当许永兰提议合作翻译时,二人一拍即合。于是,凭借彼此的友谊与信任,本着对恩师和读者高度负责的态度,译者二人以学术严谨和翻译精准为目标,开启了翻译和反复修改校对的历程。

前言和第1、2、7—14章由许永兰完成初译,第3—6章和思考题提示、后记、索引由吕雷宁完成初译。而后,二人交换初译稿相互修改,历经数个回合的"修改—确认—讨论—校对",共同完成了全书统稿。

著名学者彭广陆教授在繁忙中慨允为本书担任审校工作,这于译者无疑是莫大的鼓励。彭教授花费大量时间仔细通读译稿,对译文措辞和体例提出了诸多宝贵的意见,并与译者反复讨论商榷,以求更佳方案。彭教授一丝不苟的审校为译文的准确流畅提供了坚实的保障。值得一提的是,彭教授的建议也是促成译者最终决定翻译原著的重要因素之一。

本书有幸得到了学界前辈们的慷慨厚爱。北京大学潘钧教授拨冗为本书作序,并对出版给予了关切与鼓励。上海财经大学周红教授通读译稿后,从中国读者的角度,对术语、表达等方面提出了中肯的修改意见。中国社会科学院语言研究所沈家煊研究员、上海外国语大学束定芳教授、上海外国语大学许慈惠教授对本书给予了认可与支持。先生们谦虚温谨,百忙之中依然热情地提携相助我们。漫漫求知路,有先生们这般学术品格与人格风范的楷模,吾辈甚幸。

感谢南京大学出版社和责任编辑刘慧宁女士,本书的顺利出版离不开刘女士尽心尽力的支持与推进。

我们衷心希望本书能够对中国认知语言学研究的发展以及中日学者的深入交流有所贡献。由于我们翻译水平所限,译文中难免出现错译、漏译、表达不当等问题。对此我们深表歉意,并恭请读者朋友们予以批评指正。

许永兰　吕雷宁

2022 年 10 月

索 引

以下为术语索引和日语用例索引,汉语和英语均按字母顺序排列,日语按五十音图顺序排列。页码为原书页码,请参见正文的页边码。

【汉语术语索引】

（括号内为对应的日语术语）

百科全书（百科事典） 94

百科知识语义（百科事典的意味）
94—101,115—117

背景（地） 111,117

本来特征（本来的特徵） 115

比较（比较） 1—3,4,8,20,25,
37,38,42,53,113

比喻（比喻） 35,42,44,53,54,
63,115

边界（境界） 77

边缘（周边） 80

表达效果（表现效果） 38

部分与整体的关系（部分と全体
の関係） 45,46,51

部分组合性（部分的合成性）
11,12

参照点（参照点） 48—51,54

参照点能力（参照点能力） 48—
50,51,54,113

"厕所"框架（「トイレ」のフレ

ーム） 86,92

侧面（プロファイル） 71—74,75,112

充分必要条件（必要十分条件） 19,20,25,53

抽象度（抽象度） 104

抽象化（抽象化） 3,8,78,84,102

触觉（触覚） 62,66

词性特征（品詞的特徴） 115,116

词语搭配（コロケーション） 12,16,114

构词法（語構成） 11

词典（辞典） 94

次激活（二次的活性化） 38,42,50

典型成员（典型例） 96,97,100

典型程度（典型性の程度） 20,21,25

短语（句） 12

多义词（多義語） 4,5,21,22,95

二维空间（二次元空間） 71

反事实的假想（事実に反する想定） 58

范畴（カテゴリー） 18—21,22—25,64,96,100

范畴边界（カテゴリーの境界） 19,20

范畴化（カテゴリー化） 18—21,24,25,53

概括（一般化） 1,3—5,6,8,19,25,53,78,84,86

概括性（一般性） 96—97,98—101,104,108,109

概念（概念） 61—62,63,65—67,77,78

概念化的主体（概念化の主体） 49,51

概念形成（概念形成） 61,114

概念隐喻（概念メタファー） 36,40—42,53,54,82—84

感觉器官（感覚器官） 62,63,

67

感性（感性） 66,67

格式塔（ゲシュタルト） 111,116,117

格式塔感知（ゲシュタルト知覚） 111

格式塔心理学（ゲシュタルト心理学） 110

构成要素（構成要素） 32—34,53

固定短语（連語） 12,13,16

固化程度（定着の度合い） 20,21,25

关联（関連付け） 1,6—7,8,53,113

关联性（関連性） 44,47,51,54

规约性（慣習性） 95—96,100,105,107,108,115,116

行为（行為） 71

合成词（合成語） 10—12,16,105,111,114

不变原则（不変性原理） 82—84

背景化（背景化） 42

转喻（メトニミー） 44—51,54,81,92,93,115

换喻（換喩） 44

转喻的表达效果（メトニミーの表現効果） 50

转喻的认知基础（メトニミーの認知的基盤） 48

货款（代金） 87,90

基本域（基本領域） 71,75

基体（ベース） 71—74,75,87,93—95,112

基于使用的动态模型（動的使用依拠モデル） 102

基于使用的模型（使用依拠モデル） 102—109,114

基于用法的模型（用法基盤モデル） 102

记忆（記憶） 117

焦点（焦点） 30,80,88—90,92,93

结构特征（構成クオリア） 116

结构相似性（構造的な類似性） 41

近义词（類義語） 14

经验（経験） 10—16,61—64, 67,69,70,77—80,86,87,93, 95,102,114,118

精神（精神） 71

尊敬语（尊敬語） 81

句法特征（統語的特徵） 115

句法学（統語論） 115

具体事例（具現事例） 108

聚焦/焦点化（焦点化） 31,42, 80,81,84,90—93

刻板印象成员（ステレオタイプ） 22—25,96—100

客体（客体） 55

空间（空間） 31,56,71

空间上的邻近（空間における隣接） 45

空间位移（空間移動） 83

框架（フレーム） 15,86—93, 94,95,114

理想成员（理想例） 22—23, 25,96,98—100

连续（連続） 46,51

联结（連合） 1

联想（連想） 95

"连接"意象图式（「リンク」のイメージスキーマ） 80,84

邻近性（隣接性） 44,51,54

鲁宾杯（ルビンの盃） 112

路径（経路） 79—81

"路径"意象图式（「経路」のイメージスキーマ） 79—81,83

买方（買い手） 87—90

卖方（売り手） 87—90

名词（或名词短语）＋格助词＋动词（名詞［句］＋格助詞＋動詞） 12

名词＋动词连用形来源的名词（即动名词）（名詞＋動詞の連用形由来の名詞） 11

母语（母語） 10

目标（目標） 49,51

目标域（目標領域） 40—42,54,82—84

终点（到達点） 79—81,83

目的特征（目的クオリア） 116,117

内部（内部） 77

内涵特征（含蓄的特徵） 115

内在性（内在性） 97—98

能产性（生産性） 108,109

偶数（偶数） 19

平面（平面） 71

普遍语法（普遍文法） 113,114,118

起点（起点） 79—81,83

"起点—路径—终点"意象图式（「起点-経路-到達点」のイメージスキーマ） 79,84

前提特征（前提的特徵） 115

钱（お金） 87—90

强调（強調） 14

情感特征（喚情的特徵） 115

乐曲（曲） 91

人工制品（人工物） 98

人（人間） 71

人的性质（人間の性質） 66

认知（認知） 1,4,5,8,40,42,54—57,59,82,112

（认知）图式（［認知］図式） 78,84

认知操作（認知的操作） 81,84

认知基础（認知的基盤） 51

认知科学（認知科学） 110,118

认知域（認知領域） 69—71,75,94

认知能力（認知能力） 1—8,10,19,20,25,27—30,32—34,36,38,42,48,51,53,54,59,102—104,109,110,112—114,117,118

认知心理学（認知心理学） 110

容器（容器） 77—79,82

"容器"意象图式（「容器」のイメージスキーマ） 77,78,82,

84,87

容器内的内含物（容器の内容物） 77

容器与内容（容器と中味） 6

冗余/冗余性（余剰的） 14,16

冗余性（余剰性） 13

商品（商品） 87

"商业交易"框架（「商取引」のフレーム） 87—90

身体（身体） 61—62,65,65,67,77,84,114,118

身体部位（身体部位） 62,72

身体感觉（身体感覚） 62,65—67

身体作用（身体作用） 87,93

生产者与产品的关系（生産者と製品の関係） 48,51

生成词汇学（生成語彙論） 116,118

生成语法（生成文法） 110—115,117

生成语义学（生成意味論） 115

主体特征（主体クオリア） 116

时间（時間） 31,56,71,72

时间上的邻近（時間上の隣接） 46

识解（捉え方） 27,30,33,40,53,54,113

视点（視点） 27,28—30,33,53

视点的移动（視点の移動） 54—56

立足点（視座） 27

视觉（視覚） 47,55,62—63,66,80

视觉器官（視覚器官） 61—63

说话时间（発話時点） 74

思考（思考） 61,117

所见（見え方） 56,57

所指事物（指示物） 94

特征（クオリア） 116,117

特征结构（クオリア構造） 116,118

听觉（聴覚） 62,66

同时（同時） 46,51

映射（投射） 82—84

图式（スキーマ） 5,35,102—109

图式化（スキーマ化） 3,8,102

图形（図） 111,117

图形与背景的反转（「図」と「地」の反転） 112

推断（推論） 8,12,50,53

外部（外部） 77

外部世界（外部世界） 115

外在性（外在性） 98

网络（ネットワーク） 102,104,105,107,109

委婉表达（婉曲表現） 38,50

委婉性（婉曲性） 38,42,50,51

味觉（味覚） 62,66,71

温度感觉（温度感覚） 71

文化特征（文化的特徴） 115,116

五感（五感） 62—63,66,67,71

物品（品物） 87—90

物与事的关系（モノとコトの関係） 48

辖域（支配域） 49

子范畴（下位カテゴリー） 96

线性（線状性） 31

相似性（類似性） 35—38,42,53

心理路径（心的経路） 49

心理视点（心理的な視点） 29

心理学（心理学） 110—112,117

新经验主义（経験基盤主義） 61

形容词（形容詞） 2

形式特征（形式クオリア） 116

修饰成分（修飾要素） 21

嗅觉（嗅覚） 62,63,66,71

嗅觉器官（嗅覚器官） 63

学习（学習） 117

颜色（色） 71

演奏（演奏） 91

演奏会场（演奏会場） 91

义位（意義素） 115,116

义位说（意義素論） 115,116,118

意象图式（イメージスキーマ） 77—84,87,93,94,114

意象图式结构（イメージスキーマ構造） 82,84

意象图式转换（イメージスキーマ変換） 80,81,84

因果关系（因果関係） 6—8,53

隐喻（メタファー） 23,35—42,53,56,65—67,98—101,115

隐喻（隠喩） 35,44

隐喻的单向性（メタファーの一方向性） 65,67

隐喻的认知基础（メタファーの認知的基盤） 37

用法上的限制（用法上の制約） 21—22

用法依存模型（用法依存モデル） 102

语法特征（文法的特徴） 115

语体特征（文体的特徴） 115

语言的先天性（言語の生得性） 113,114

语言获得装置（言語獲得装置） 113,114,228

语言能力（言語能力） 113,114

语言使用（言語使用） 102

语言习得（言語習得） 10,12,16,61,113—114,118

语言运用（言語運用） 113,114

语义特征（語義的特徴） 115

原型（プロトタイプ） 19—21,25,53,96,98—100

原型范畴（プロトタイプ・カテゴリー） 19—21,25

原型义（プロトタイプ的意味） 22

原因的推断（原因の推論） 6,7

原因与结果的关系（原因と結果の関係） 47,51

源域（起点領域） 40—42,54,82—84

乐团（楽団） 91,92

"乐团演奏"框架（「楽団の演奏」のフレーム） 90—92

真值条件语义学（真理条件意味論） 115—118

整体（全体） 32—34,53

正面评价的语义（プラス評価の意味） 96

心智（知） 117

知觉（知覚） 112

知性（知性） 66

指挥（者）（指揮者） 91,92

指挥（指揮） 91

中心（中心） 80

"中心—边缘"意象图式（「中心・周辺」のイメージスキーマ） 80,84

主观的（主体的/主观性） 54,58

主观化（主体化） 54—57,59

主体（主体） 5

状态变化（状態変化） 83

自动化（自動化） 14,16

自下而上（ボトムアップ） 102,104,109

作者与作品的关系（作者と作品の関係） 48,51

【英语术语索引】

（括号内为对应的汉语术语和日语术语）

abstraction(抽象化,抽象化) 3

association(关联,関連付け) 1

automatization(自动化,自動化) 14

base(基体,ベース) 71

basic domain(基本域,基本領域) 71

categorization(范畴化,カテゴリー化) 18

category(范畴,カテゴリー) 18

cognition(认知,認知) 1

cognitive ability(认知能力,認知能力) 1

cognitive domain(认知域,認知領域) 69

cognitive science(认知科学,認知科学) 110

collocation(词语搭配,コロケーション) 12

comparison(比较,比較) 1

compound(合成词,合成語) 11

conceptual metaphor(概念隐喻,概念メタファー) 36

conceptualization(概念化,概念化) 49

conceptualizer(概念化的主体,概念化の主体) 49

construal(识解,捉え方) 27

contiguity(邻近性,隣接性) 44

dominion(辖域,支配域) 49

encyclopedic meaning(百科知识语义,百科事典的意味) 94

figure(图形,図) 111

frame(框架,フレーム) 86

generalization(概括,一般化) 1

generative grammar(生成语法,生成文法) 110

Generative Lexicon(生成词汇学,生成語彙論) 116

generative semantics(生成语义学,生成意味論) 115

Gestalt(格式塔,ゲシュタルト) 111

ground(背景,地) 111

image schema(意象图式,イメージスキーマ) 77

image—schema transformation(意象图式转换,イメージスキーマ変換) 81

invariance principle(不变原则,不变性原理) 82

language acquisition device(语言获得装置,言語獲得装置) 113

linguistic competence(语言能力,

言語能力) 113

linguistic performance(语言运用,言語運用) 113

mental path(心理路径,心的経路) 49

metaphor(隐喻,メタファー/隠喩) 35

metonymy(转喻/换喻,メトニミー/換喩) 44

partial compositionality(部分组合性,部分的合成性) 11

profile(侧面,プロファイル) 71

prototype(原型,プロトタイプ) 19

prototype category(原型范畴,プロトタイプ・カテゴリー) 19

qualia(特征,クオリア) 116

reference point(参照点,参照点) 49

schema(图式,スキーマ) 5

schematization(图示化,スキーマ化) 3

secondary activation(次激活,二次的活性化) 38

similarity(相似性,類似性) 35

source domain(源域,起点領域) 40

stereotype(刻板印象成员,ステレオタイプ) 22

subjectification(主观化,主体化) 54

target(目标,目標) 49

target domain(目标域,目標領域) 40

universal grammar(普遍语法,普遍文法) 113

usage—based model(基于使用的模型,使用依拠モデル) 102

【日语用例索引】

(括号内为本文中所涉义项对应的汉语或语义说明)

間（あいだ）(之间) 31

明るい(明亮,开朗) 65

秋(秋) 72

浅い(浅) 2

朝から晩まで(从早到晚) 14

(机の) 脚([桌子]腿儿) 36

あした(明天) 74

味わう(品尝,欣赏) 66

汗をかく(出汗) 12

頭が下がる(敬佩/低头) 46

頭数をそろえる(凑齐人数) 46

頭を抱える(发愁/抱头) 46,49

集まっている(聚集) 59

甘い(甜,不严格) 65

言うことを聞く(听话) 46,92

怒りを買う(惹人生气) 12

行く(去) 28

医者のタマゴ(未来的医生/医生的卵) 37

至る(致/至) 83

一日一日 (の努力) (每日[的努力]) 32

一年（を通して）(全年) 33

一年(一年) 72

一週間(一周) 72

一生に一度 (のお願い) (一生一次[的请求]) 14

一升瓶を飲み干す(喝干一瓶[酒]) 45

いらっしゃる(去,来,在) 81

動かす(打动) 83

動く(动) 83

嘘偽りのない (話) (千真万确[的话]) 14

移る(转移) 83

腕(手臂) 72

売る(卖) 88,90

うるさい(吵,挑剔) 65

永遠の眠りに就く(永世长眠) 38

永眠する(永眠) 38

襟なしシャツ(无领衬衫) 107

円(圆) 72

エンジンがかからない(发动机打不着火/提不起劲) 36

おいしい(合算) 96

大きい(大) 2

オーバーホール(疗养/大修) 36

小澤征爾を聴く(听小泽征尔[指挥的演奏]) 48

落ちている(掉了) 7

お父さん(父亲) 97

男(男人) 97

重い(重,沉) 62

おもしろくもおかしくもない(索然无趣) 14

お役所仕事(政府机关的工作) 97

が(格助詞)(格助詞,主要用来表示动作的主体) 88—90

皆目見当がつかない(完全云里雾里) 14

外野(局外人/外场[手]) 40

買う(买) 88—90

顔を出す(露面) 46

過去を振り返る(回首过去) 37

傘をさす(打伞) 12

風邪をひく([患]感冒) 12

ガソリンを食う(费油) 12

かたい(硬,可靠) 65,66

肩慣らし(热身,准备/活动肩膀) 39

肩の故障(肩伤/肩的故障) 38

勝つ(赢) 29

学校(学校) 70,71

体(身体) 72

からっきしだめだ(完全不行) 14

軽い(轻,轻松) 62,65

枯れる(枯萎) 40,41

索引 219

皮なしウインナー(无皮香肠) 105,107

皮なしギョーザ(无皮饺子) 107,108

皮なしシューマイ(无皮烧卖) 107

感じる(感觉) 66

木々(树木) 32

期待をかける(寄托希望) 37

牛丼(牛肉盖饭) 11

きょう(今天) 74

くさい(臭,可疑) 63

くだり(下坡) 29

くだり坂(下坡) 29

くだる(下[降],[时代]变迁) 54—56

口がかたい(嘴严) 47

口にする(吃,说) 5

愚痴をこぼす(发牢骚) 12

首をかしげる(感到疑惑/歪头) 46

暗い(暗,阴郁) 65

来る(来) 28

軍事政権を倒す(推倒军事政权) 37

慶早戦(庆早大赛) 31

弧(弧) 72

(太平洋を)航行する([在太平洋上]航行) 79

降板(退出/棒球投手被中途换下) 39

黒板を消す(擦掉黑板) 44

故障(故障) 36,38

子ども(孩子) 100

魚(鱼) 97

酒が好きだ(喜欢[喝]酒) 48

酒飲み(爱喝酒的人) 11,111

さむい(无聊) 96

サラリーマン(教師)(工薪族[教師]) 24

(8時間) しか(只有[8个小时]) 3

四季 (を通して)(四季) 33,72

指揮する(指挥) 91,92

辞書（词典） 117

自責の念に駆られる（感到自责） 12

自転車操業（负债经营） 64

支払う（支付） 88—90

斜辺（斜边） 71

充電（充电） 36

（神戸港を）出航する（[从神户港]起航） 79

（東京から）出発する（[从东京]出发） 79

春夏秋冬（を通して）（春夏秋冬） 33

順不同（排名不分先后） 31

しょうが焼き（生姜炒肉片） 11

小説（小说） 117

職場の花（职场丽人/职场的花） 41,99

信じて疑わない（深信不疑） 14

人生につまずく（人生受挫） 37

身体部位＋にする（身体部位＋にする，日语固定搭配结构的一种） 5

筋なしアスパラ（无筋芦笋） 105,108

筋なしインゲン（无筋芸豆） 105

ススキ（芒草） 116

巣立つ（毕业/离巣） 35

スタンドが沸いている（看台沸腾了） 45

酢豚（糖醋肉） 11

滑り込みセーフ（卡着点赶上/安全滑进垒） 40

生計を立てる（谋生） 12

精神的に支える（精神上支持） 37

世界（世界） 73,74

背中を流す（冲洗后背） 45

迫る（[逼]近） 56

前言を翻す（出尔反尔） 12

扇風機が回っている（电风扇在转） 45

戦慄が走る（身体战栗） 37

全力投球（全力以赴/投手使出全

力投球) 39

早慶戦(早庆大赛) 31

漱石を読む(读[夏目]漱石) 48

続投(连任/同一投手继续投球) 39

底なし沼(无底沼泽) 107

大病を患う(患重病) 12

絶えて久しい(很久未～) 14

たくさんだ(很多了) 47

たこ焼き(章鱼小丸子) 11

(日本を)たつ(离开[日本]) 79

脱衣場(更衣室) 16

(頂上に)達する(到达[山顶]) 80

種なし梅(无核梅) 108

種なしオリーブ(无核橄榄) 108

種なし柿(无籽柿子) 105,108

種なしスイカ(无籽西瓜) 105

種なしブドウ(无籽葡萄) 105,107

種なしプルーン(无核西梅) 108

卵焼き(煎鸡蛋) 11

啖呵を切る(厉声说) 12

小さい(小) 2

近い(近) 2

近い将来(不远的将来) 14

地球(地球) 73,74

散っている(散落,飘落,星星点点长着) 58,59

中心(中心) 72

直球勝負(直来直去/投手投直线球一决胜负) 39

直径(直径) 72

ついうっかり(不小心) 14

(目的地に)着く(到达[目的地]) 80

机に向かう(伏案/面向桌子) 81

蕾(花蕾) 40,41

罪をかぶる(承担罪责) 37

つめ(指甲) 72

冷たくなる(变凉) 50

手(手) 45,46,72

(お)手洗い(洗手[间]) 46,

47,50,92

〜ている（日语时体标记的一种） 7

テーブルを片づける（收拾桌子） 45

手が足りない（人手不足） 45

出る（出） 79

天気（天气） 22

てんで話にならない（根本不值一提） 14

（最終地点に）到達する（到达［终点］） 80

遠い（远） 2

遠い昔（の話）（很久以前［的事］） 14

（この道を）通る（经过［这条路］） 79

とげなし千両二号ナス（无刺千两二号茄子） 106

とげなしバラ（无刺玫瑰） 106

ところ（空间范围，时间范围，抽象范围） 4,21,22

トップバッター（打头阵/第一棒击球手） 39

飛び出す（弹出，冲出，冒出） 37

止まっている（停着） 7

（巨万の）富を築く（积累［巨额］财富） 12

土曜日（星期六） 72

トヨタに乗っている（乘坐丰田［汽车］） 48

鳥（鸟） 99

鳥肌（鸡皮疙瘩） 36

泥臭い（土腥味，土气） 65

永久の眠りに就く（永世长眠） 38

トンボ（平沙耙/蜻蜓） 36

長い（长） 2

夏（夏） 72

納得が行く（领会） 12

におう（有味道，可疑） 66,67

肉眼（肉眼） 73

日常（の努力）（日常［的努力］） 32

索引　223

日曜日(星期日)　72

煮詰まる(水分变少,接近完成,走到尽头)　95

二の句が継げない(无言以对)　47,48

猫背(驼背/猫背)　36

根なし草(无根草)　105—107

眠る(死亡/睡觉)　38

のぼり(上坡)　29

のぼり坂(上坡)　29

のぼる(爬,上)　6,103,104

入り込む(潜入)　82

入る(进)　78,79,82

歯車(螺丝钉/齿轮)　36

はさみ(剪刀)　64

鳩胸(鸡胸/鸽子胸)　36

花(樱花,女性/花)　22,41,99

花束(花束)　10,11,111

バナナ(香蕉)　94,98

花見(赏花,一般特指赏樱花)　22

花(も)開く(花[也]开)　40,41

(故郷を)離れる(离开[故乡])　79

払う(付)　88—89

春(春)　72

馬齢を重ねる(徒增马齿)　12

左(左)　62

人(人)　22,23

非難を浴びる(遭受谴责)　37

評判を落とす(败坏名声)　12

広がる([乌云]密布,广阔的[田地]/扩大)　55,56

ピンチヒッター([危急关头的]接替者/关键时刻上场的替补球员)　39

深い(深)　2

不可能に近い(近乎不可能)　13,14

縁なし眼鏡(无框眼镜)　107

冬(冬)　72

風呂に入る(洗澡/进浴室)　16

部屋を片づける(收拾房间)　45

減らず口をたたく(嘴硬)　12

弁が立つ(能言善辩)　12

ベンツが欲しい(想要奔驰[汽车]) 48

ホッチキス(订书机) 98

マーラーを聴く(听马勒[谱写的乐曲]) 48

マウス(鼠标) 36

紛れ込む(混入) 82

負ける(输) 29

丸い(圆) 2

見える(看到,想到) 66

右(右) 62

短い(短) 2

水なし川(无水河流) 107

(パンの)耳([面包的]边/耳朵) 36

耳なしサンドウィッチ(无边/耳朵三明治) 107

耳なし(食)パン(无边/耳朵[吐司]面包) 107

耳にする(听到) 5

向かう(赶往,转向) 81

胸をなでおろす(放心/从上往下抚摸胸口) 46

村上春樹を買う(买村上春樹[的小说]) 48

(サイコロの)目([骰子上]表示点数的孔) 36

X(名詞)なしY(名詞)(无X[名詞]Y[名詞]) 105—108

目玉焼き(煎荷包蛋) 36

目にする(看到) 5

目に見えて(明显地) 47,63

(自分の)目を疑う(怀疑自己的眼睛) 14

(8時間)も(都[8个小时]) 3

物入れ(装东西的物品[或处所]) 11

物書き(写文章的人) 11

物覚え(记忆) 11

森(森林) 32

門前払いを食う(吃闭门羹) 12

焼き鳥(烤鸡肉串) 11,111

焼き肉(烤肉) 11

焼き豚(叉烧肉) 11

焼き飯(炒饭) 11

約束を破る(失约) 12

やばい(厉害/很棒) 96

山並み(山脉) 32

山々(群山) 32

雪(雪) 69—71

雪明かり(雪光) 69

雪下ろし([从房顶上]除雪) 70

雪かき(铲雪) 70

雪合戦(打雪仗) 69

雪だるま(式)(雪人[滚雪球式]) 64,69

湯飲み(茶杯) 11,111

指(手指) 72

翌日(次日) 74

(公園を)横切る(穿过[公园]) 79

予定を立てる(定计划) 12

四番打者(招牌菜/第四棒击球手) 23

夜夜中(深更半夜) 14

弱音を吐く(说泄气话) 12

裸眼(裸眼) 73,87

両手に花(美女左右相伴/两手持花) 41

冷蔵庫が開いている(冰箱[门]开着) 45

レポートが終わる(写完报告) 48

連山(山峦) 32

ロボット(傀儡/机器人) 36

(橋を)渡る(过[桥]) 79—80

を(格助詞,主要用来表示动作的对象) 88—90

～を＋動詞(～を＋动词,动宾结构短语) 91